Verena Großsteinbeck

Fast Food von morgen
Wie sich die Branche im Wandel
der Gesellschaft verändern wird

Diplomica® Verlag GmbH

Großsteinbeck, Verena: Fast Food von morgen: Wie sich die Branche im Wandel der Gesellschaft verändern wird, Hamburg, Diplomica Verlag GmbH 2012

ISBN: 978-3-8428-8108-2
Druck: Diplomica® Verlag GmbH, Hamburg, 2012

Bibliografische Information der Deutschen Nationalbibliothek:
Die Deutsche Nationalbibliothek verzeichnet diese Publikation in der Deutschen Nationalbibliografie; detaillierte bibliografische Daten sind im Internet über http://dnb.d-nb.de abrufbar.

Die digitale Ausgabe (eBook-Ausgabe) dieses Titels trägt die ISBN 978-3-8428-3108-7 und kann über den Handel oder den Verlag bezogen werden.

Dieses Werk ist urheberrechtlich geschützt. Die dadurch begründeten Rechte, insbesondere die der Übersetzung, des Nachdrucks, des Vortrags, der Entnahme von Abbildungen und Tabellen, der Funksendung, der Mikroverfilmung oder der Vervielfältigung auf anderen Wegen und der Speicherung in Datenverarbeitungsanlagen, bleiben, auch bei nur auszugsweiser Verwertung, vorbehalten. Eine Vervielfältigung dieses Werkes oder von Teilen dieses Werkes ist auch im Einzelfall nur in den Grenzen der gesetzlichen Bestimmungen des Urheberrechtsgesetzes der Bundesrepublik Deutschland in der jeweils geltenden Fassung zulässig. Sie ist grundsätzlich vergütungspflichtig. Zuwiderhandlungen unterliegen den Strafbestimmungen des Urheberrechtes.

Die Wiedergabe von Gebrauchsnamen, Handelsnamen, Warenbezeichnungen usw. in diesem Werk berechtigt auch ohne besondere Kennzeichnung nicht zu der Annahme, dass solche Namen im Sinne der Warenzeichen- und Markenschutz-Gesetzgebung als frei zu betrachten wären und daher von jedermann benutzt werden dürften.

Die Informationen in diesem Werk wurden mit Sorgfalt erarbeitet. Dennoch können Fehler nicht vollständig ausgeschlossen werden, und der Diplomica Verlag, die Autoren oder Übersetzer übernehmen keine juristische Verantwortung oder irgendeine Haftung für evtl. verbliebene fehlerhafte Angaben und deren Folgen.

© Diplomica Verlag GmbH
http://www.diplomica-verlag.de, Hamburg 2012
Printed in Germany

Management Summary

Schnelles Essen ist im modernen Zeitalter von zunehmender Globalisierung, Mobilität, Technologie und Kommunikation selbstverständlich geworden. Die Flexibilisierung der Arbeitszeiten, die Verbindung von Familie und Job haben den Tagesablauf der Deutschen entstrukturiert. Kaum einer sitzt mittags noch gemeinsam mit der Familie am Tisch, macht eine ganze Mittagspause im Büro oder isst eine vollwertige, warme Mahlzeit. Die Nahrungsaufnahme wird kaum noch zelebriert, sondern ist nur ein Punkt auf der täglichen To-do-Liste.

Gut für Unternehmen, die mit schnellem Essen handeln. Die vorliegende Studie wirft einen Blick auf den Status quo des Fast-Food-Marktes und zieht eine Verbindung zwischen dem, was Konsumenten von morgen bewegt, und dem, was sie heute in deutschen Fast-Food-Filialen und an Snack-Ständen angeboten bekommen.

Die Ergebnisse einer empirischen Untersuchung zeigen die Diskrepanz ganz deutlich. Zwar boomt das Geschäft von McDonald's & Co., aber richtig glücklich macht es die Verbraucher nicht. Das Image ist nach wie vor mit negativen Facetten behaftet. Fast alle Befragten bemängeln, dass Fast Food ungesund ist. Ein Blick auf die großen Megatrends der Foodbranche zeigt, was der Konsument von morgen in puncto Essen erwartet.

Competitive Intelligence als moderne Wettbewerbsanalyse kann mit Hilfe eines Prozesses von der Informationsbeschaffung bis zur Entscheidungsfindung zu neuen Strategien im Markt führen. Dank dieses Instruments gelangen Unternehmen so zu einer stärkeren Wettbewerbsdifferenzierung und können ihr Wachstumspotenzial voll ausschöpfen.

Auf Basis eines Fallbeispiels zum wohl bekanntesten Fast-Food-Konzern der Welt, McDonald's, wird der Prozess der Competitive Intelligence dokumentiert und werden im Ergebnis Fast-Food-Konzepte entwickelt. Konzepte, die das Unternehmen wachsen lassen, es gegenüber dem Wettbewerb klar positionieren und den Konsumenten von morgen zu einem zufriedenen Fast-Food-Kunden machen.

Abstract

Fast food has become granted in the modern era of increasing globalization, mobility, technology and communications. Hardly one sits at the lunchtable with the family, makes a full lunch break at work or eats a full warm meal. The more and more flexible working hours, the combination of family and job have "destructured" the daily routine of the Germans. Intake of food is not more celebrated, but a to do on the daily list.

Good for businesses that deal with fast food. The following study takes a look at the status quo of the fast food market of today and draws a connection between what will move consumers of tomorrow and what they are experiencing today at German fast food retail outlets.

The discrepancy is clearly shown by the results of an empirical. Although business is booming for McDonald's & Co., consumers are not really satisfied. Their image is still fraught with negative facets. Almost all respondents complain that fast food is unhealthy. A look at the big mega trends of the food industry show what the future consumer expects from a full meal.

Competitive Intelligence as a modern, competitive analysis can help to lead through a process of information gathering to decision making of new strategies in the market. Thanks to this instrument companies will be taken to a more competitive differentiation and achieve their growth potential.

Based on a case study on the probably best-known fast food chain in the world, McDonald's, the process of Competitive Intelligence will be documented and in the end will lead us to developed new fast food concepts. Concepts which can let the company grow, positioning it clearly from the competition and make the consumers of tomorrow to a satisfied fast food customer.

Inhaltsverzeichnis

1	**Einleitung**	**13**
1.1	Hintergrund	13
1.2	Ziel der Studie	15
1.3	Gang der Untersuchung	16
2	**Status quo des Fast-Food-Marktes**	**19**
2.1	Historische Entwicklung	19
2.2	Internationaler Marktvergleich	21
2.3	Charakteristik des deutschen Marktes	24
2.3.1	Kennzahlen	24
2.3.2	Wettbewerb	26
2.3.3	Marktprognose	29
3	**Evolution des Konsums**	**31**
3.1	Dynamik des Konsums	31
3.2	Machtverschiebung	34
3.3	Konsumtrends	36
3.3.1	Individualisierung	36
3.3.2	Dialog	38
3.3.3	Gesundheit	41
3.3.4	Mobilität	44
3.3.5	Nachhaltigkeit	49
3.4	Foodtrends	54
3.4.1	Functional	54
3.4.2	Convenience	58
3.4.3	Regionalität, Vertrauen, Transparenz	61
3.4.4	Neuer Genuss	65
3.5	Zwischenfazit	67
4	**Wettbewerbsanalyse mit Competitive Intelligence**	**69**
4.1	Grundlagen	69
4.1.1	Notwendigkeit der Wettbewerbsbeobachtung	69
4.1.2	Competitive Intelligence als modernes Wettbewerbskonzept	71

4.1.3	Der Prozess der Competitive Intelligence	71
4.1.4	Implementierung im Unternehmen	73
4.2	Fallstudie zur Umsetzung von Competitive Intelligence	74
4.2.1	Kurzprofil des Unternehmens McDonald's	74
4.2.2	Strategische Fragestellung	75
4.2.3	Aufgabenstellung	76
4.2.3.1	Projektplanung	77
4.2.3.2	Datensammlung	77
4.2.3.3	Datenaufbereitung und -analyse	78
4.2.3.4	Berichterstattung	84
4.2.3.5	Entscheidungsfindung	84
4.2.3.6	Umsetzung	85
4.3	Zwischenfazit	88
5	**Empirische Erhebung zum Fast-Food-Konsum**	**91**
5.1	Zielsetzung der Erhebung	91
5.2	Anlage der empirischen Forschung	91
5.2.1	Untersuchungsdesign	92
5.2.2	Datengewinnung	93
5.2.3	Datenauswertung	93
5.2.4	Datendokumentation	93
5.3	Untersuchungsergebnisse	94
5.3.1	Persönliche Angaben	94
5.3.2	Image	95
5.3.3	Konsumhäufigkeit	96
5.3.4	Motivation	97
5.3.5	Konsumintensivierung	98
6.1	Zusammenfassung	101
6.2	Kritische Würdigung	104
6.3	Ausblick	105
Anhang		**107**
Fragebogen		107
Kreuztabellen		109

Abbildungsverzeichnis

Abb. 1:	Visualisierter Aufbau der Diplomarbeit	17
Abb. 2:	Erste Fast Food Filialen der zwanziger Jahre in den USA	21
Abb. 3:	Entwicklung der Einpersonenhaushalte in Europa bis 2021	22
Abb. 4:	Fast Food Marktsegmente in Deutschland	25
Abb. 5:	Ebenen des Wettbewerbs in der Fast Food Branche	26
Abb. 6:	Geschlossener Wirtschaftskreislauf in der Volkswirtschaftslehre	32
Abb. 7:	Mut zur Farbe in der Technik im Trend der Individualisierung	37
Abb. 8:	Weltweite Unternehmen setzen auf den Dialog im Internet	40
Abb. 9:	Innovationsprozess mit Integration der Kunden	41
Abb. 10:	Ausgaben für medizinische Leistungen	43
Abb. 11:	Weltweit wünschen sich Menschen Entschleunigung	45
Abb. 12:	Autokostenindex 2008 zum Vorjahr in Prozent	46
Abb. 13:	Entwicklung des Marktes für Car-Sharing	47
Abb. 14:	Nachhaltigkeits-Kampagnen der Kosmetikhersteller	53
Abb. 15:	Boomender Saftmarkt mit den neuen Super Fruits	55
Abb. 16:	Die Küche der Zukunft von IKEA	57
Abb. 17:	Internationale Beispiele für Premium Convenience-Food	59
Abb. 18:	Eindrücke aus Europas Convenience-Stores	60
Abb. 19:	Umsatzentwicklung mit Fairtrade-Produkten in Deutschland	62
Abb. 20:	Mehr Transparenz und Vertrauen durch innovative Ideen	64
Abb. 21:	Design und Ursprünglichkeit verbindet sich	66
Abb. 22:	Entscheidungskriterien beim Einkauf im Vergleich	67
Abb. 23:	Einflussfaktoren auf die Unternehmen	70
Abb. 24:	Competitive Intelligence Zyklus	72
Abb. 25:	Branchenstrukturanalyse nach M. Porter	79
Abb. 26:	Positionierungs-Analyse im Wettbewerbsumfeld von McDonald's	80
Abb. 27:	Szenario-Analyse zu Zukunftsbildern der Fast Food Branche	82
Abb. 28:	SWOT-Analyse zum Status Quo von McDonald's	83
Abb. 29:	Maßnahmenpaket McDonald's 2010/2011	86
Abb. 30:	McDonald's Aktion zu regionalem Bezug von Rohstoffen	87
Abb. 31:	Neues Design für die McDonald's Filialen	88

Abb. 32:	Untersuchungssteckbrief der empirischen Untersuchung	92
Abb. 33:	Demographische Struktur der Befragten	94
Abb. 34:	Stimmungsbild zum Image von Fast Food	95
Abb. 35:	Regelmäßigkeit von Fast Food Konsum nach Alter	96
Abb. 36:	Regelmäßigkeit von Fast Food Konsum nach Wohnort	96
Abb. 37:	Konsum-Motivation in Abhängigkeit des Familienstands	97
Abb. 38:	Gründe für den Verzicht von Fast Food nach Alter	98
Abb. 39:	Gründe für eine mögliche Konsumintensivierung	99
Abb. 40:	Ergebnisse der Diplomarbeit	103

Abkürzungsverzeichnis

App	Applikation
BRIC	Brasilien, Russland, Indien, China
bzgl.	bezüglich
bzw.	beziehungsweise
CI	Competitive Intelligence
etc.	et cetera
ggf.	gegebenenfalls
KFC	Kentucky Fried Chicken
KIT	key intelligence topics
OTC	over the counter
QSR	Quick Service Restaurant (Schnellrestaurant)
SWOT	Strength, Weaknesses, Oportunities, Threats
USA	United States of America
vgl.	vergleiche

1 Einleitung

Der Fast-Food-Markt in Deutschland ist hart umkämpft. Der einst kleine Markt, der sich aus amerikanischen Adaptionen wie McDonald's oder Burger King entwickelte, ist zum Selbstläufer in Milliardenhöhe geworden. Immer mehr Anbieter drängen auf den Markt und suchen nach einer Nische, um neue Verbraucher in das Geschäft mit dem schnellen Essen zu ziehen.

Nicht zuletzt sind es diese Verbraucher, die über den Erfolg und Misserfolg von Unternehmen entscheiden. Umso offensichtlicher scheint es, dass sich Unternehmen ihrer Zielgruppen annehmen müssen, um ihr Angebot entsprechend auszurichten. Doch diese werden immer differenzierter, sind schwerer zu erreichen, bilden neue Trends und Ideale aus. Den entscheidenden Wettbewerbsvorteil erzielt folglich der, der seiner Zielgruppe am nächsten steht.

Competitive Intelligence als moderne Wettbewerbsanalyse kann für Unternehmen einen kontinuierlichen Prozess liefern, um sich durch den dynamischen Fast-Food-Markt zu manövrieren. Dem Wettbewerb ein großes Stück voraus zu sein heißt auch den Unternehmenserfolg langfristig zu sichern.

1.1 Hintergrund

Mit der Globalisierung, die in den 90er Jahren mit der wirtschaftlichen Inflation maßgeblich in Zusammenhang gebracht wird, wuchs auch das Interesse an fremden Kulturen. Neben einer steigenden Nachfrage nach interkontinentalen Reisen wurde die Neugier nach exotischen Genüssen auch beim Thema Essen stärker.[1] Die USA, die für Europa schon immer ein Vorbild in Sachen Trends waren, brachten das Fast Food nach Deutschland, wo es heute nicht mehr wegzudenken ist. Neben der Globalisierung, die eine enorme Vielfalt an Lebensmitteln mit sich gebracht hat, haben technologische Innovationen, neue Vertriebswege und neue gesellschaftliche Rahmenbedin-

---

[1] Vgl. **Hengsbach**, F. (2000): „Globalisierung" – eine wirtschaftsethische Reflexion, http://www.bpb.de/publikationen/1EP1JM,0,Globalisierung_eine_wirtschaftsethische_Reflexion.html, Abruf: 04.04.2011.

gungen wie Gesundheit, Ökologie, Individualisierung, Mobilität und weitere dazu geführt, dass sich auch die Ernährungsgewohnheiten stark verändert haben.

Fast Food ist dabei ein Bereich des Essens, an dem sich die Trends von morgen besonders gut aufzeigen lassen. Mit steigender Berufstätigkeit brechen die Strukturen und Rituale von Essen wie dem gemeinschaftlichen Zusammenkommen, Frühstück, Mittagessen und Abendessen immer mehr zusammen. Zum Einkaufen, Kochen und dem eigentlichen Akt des Essens hat kaum einer mehr Zeit.[2]

Fast Food leistet genau an dieser Stelle Abhilfe. Das ist womöglich auch der Grund dafür, warum dem weltweiten Fast-Food-Markt ein Wachstumspotenzial von 19,2% bis 2014 vorausgesagt wird.[3] Für bereits etablierte Unternehmen und Start-ups ist es eine gute Zeit für erfolgreiche Geschäfte. Mit dem Wissen über den Konsumenten von morgen und dessen Bedürfnisse sollten Unternehmen in den nächsten Jahren ein ordentliches Plus erzielen können. Doch genau dies wird sich jeder Marktteilnehmer denken und Anteil haben wollen an dem Potenzial, das der Markt bietet.

Ein Werkzeug, dessen sich in diesem Zusammenhang die größten Unternehmen weltweit bedienen, ist Competitive Intelligence, ein Prozess, der die Wettbewerbsfähigkeit eines Unternehmens steigern kann, indem der Wettbewerb unter die Lupe genommen wird. Neben dem individuellen Potenzial jedes einzelnen Wettbewerbers ist die Einordnung in den Zusammenhang des Marktes und die wirtschaftliche Situation des eigenen Unternehmens im Wettbewerbsumfeld von hoher Bedeutung. Neu ist der Gedanke von Competitive Intelligence nicht. In einem einführenden Artikel des Autors Troy Hiltbrand wird der Prozess der Competitive Intelligence anhand der Propagandaauswertung im Radio im Zweiten Weltkrieg erläutert. Die Idee, eine möglichst große Menge an Informationen über den Wettbewerb zu sammeln und sein eigenes Geschäftsumfeld zu analysieren, hat laut Hiltbrand im Zweiten Weltkrieg zu einer Kehrtwende geführt.[4] In einem dynamischen Markt wie dem Fast-Food-Markt kann dies im übertragenen Sinne zu ähnlichen Effekten führen. Neben dem Sammeln

---

[2] Vgl. **Rützler**, H. / **Kirig**, A. (2010): Food Styles: Die wichtigsten Thesen, Trends und Typologien für die Genuss-Märkte (Hrsg.) Zukunftsinstitut GmbH, Kelkheim, S. 6.
[3] Vgl. **Datamonitor** (2010): Industry Profile: Global Fast Food, S. 2.
[4] Vgl. **Hiltbrand**, T. (2010): Learning Competitive Intelligence from a Bunch of Screwballs, in: Business Intelligence Journal, 15. Jg., H. 4, S. 9.

von Informationen, wobei „80 bis 90 Prozent dessen, was ein Unternehmen über seine Wettbewerber wissen sollte, öffentlich verfügbar ist"[5], sind der kontinuierliche Prozess und die Implementierung im Unternehmen die Erfolgsfaktoren von Competitive Intelligence.

1.2 Ziel der Studie

Die Zielsetzung der vorliegenden Abhandlung ist zunächst das Aufzeigen des Zusammenhangs zwischen allgemeinen Veränderungen in der Gesellschaft und sich ändernden Essgewohnheiten. Dabei konzentriert sich die Auswahl der beschriebenen Konsum- und Foodtrends auf die für den Verfasser besonders relevanten Beispiele. Eine Untersuchung soll zeigen, mit welchen Defiziten der Fast-Food-Markt in Deutschland zu kämpfen hat. Fast Food als Begrifflichkeit wird vom Verfasser über den reinen Besuch im Schnellrestaurant hinweg weiter gefasst. Fast Food bezeichnet sowohl den klassischen Konsum von einer fertig zubereiteten Mahlzeit im Schnellrestaurant als auch alle fertigen Mahlzeiten, die unterwegs erworben und „auf die Hand" gegessen werden. Darüber hinaus werden auch alle fertigen Mahlzeiten unter dem Begriff Fast Food gefasst, die nach Hause bestellt werden oder zu Hause lediglich erwärmt werden müssen.

Ausgehend davon, dass Fast Food in Bezug auf die Trends von morgen wesentlich mehr leisten kann, als die Konsumenten dem Thema heute zubilligen, soll aufgezeigt werden, wie Competitive Intelligence als modernes Instrument der Wettbewerbsanalyse Unternehmen der Fast-Food-Industrie dabei helfen kann mit Hilfe eines Prozesses Wettbewerbsvorteile zu sichern und sich für die Zukunft richtig aufzustellen und damit den langfristigen Unternehmenserfolg zu gewährleisten.

---

[5] **Hohlfeld,** U. (2010): Competitive Intelligence – Wettbewerbsanalyse statt Wirtschaftsspionage, in: Wissensmanagement – Das Magazin für Führungskräfte, 10. Jg., Heft 6, Sonderdruck, Wöllstein, S.1.

1.3 Gang der Untersuchung

Nachdem Hintergrund und Zielsetzung dieses Beitrags erläutert wurden, beschäftigt sich der Verfasser im zweiten Kapitel zum Auftakt des Hauptteils mit dem Fast-Food-Markt an sich. An dieser Stelle dient eine kurze historische Einleitung in die Entwicklung des Fast-Food-Marktes zum Einfinden in die Thematik. Eine Momentaufnahme des deutschen Fast-Food-Marktes und dessen Teilnehmer soll einen ersten Überblick über den wirtschaftlichen Status quo des Marktes geben.

Im dritten Kapitel dreht es sich um den Konsumenten von morgen. Über den sich allgemein verändernden Konsum gelangt der Verfasser zu den neuen gesellschaftlichen Rahmenbedingungen, in denen sich der Konsument von morgen orientiert und differenziert. In einem ersten Zwischenfazit zu den Potenzialen des Fast-Food-Marktes von morgen sollen bereits erste Aufgabenstellungen für die Unternehmen auf diesem Markt definiert werden.

Der Competitive Intelligence widmet sich Kapitel 4. Neben ein paar groben, bewusst oberflächlichen Grundlagen zur Theorie der Competitive Intelligence wird der Prozess dieses Instruments zur Wettbewerbsbeobachtung mittels einer Fallstudie aufgezeigt. Basis für dieses Praxisbeispiel ist das international agierende Unternehmen McDonald's, anhand dessen sich die Chancen von Competitive Intelligence gut darlegen lassen. In einem weiteren Zwischenfazit klärt der Verfasser am Beispiel von McDonald's, wie Competitive Intelligence klare Wettbewerbsvorteile erzielen kann.

In Kapitel 5 erfolgt die Auswertung einer im Vorfeld durchgeführten empirischen Untersuchung zum Stellenwert des Fast Food. Dabei wird der Aufbau der Empirie im Detail erarbeitet und werden die Untersuchungsergebnisse strukturiert aufgezeigt.

Im Schlussteil, Kapitel 6, werden die Resultate dieser Abhandlung in einer Zusammenfassung zusammengefügt und mit einer kritischen Würdigung der inhaltlichen Vorgehensweise und des methodischen Aufbaus komplettiert. In einem Ausblick zeigt der Verfasser auf Basis der Erkenntnisse eine mögliche Perspektive für den Fast-Food-Markt und dessen Teilnehmer auf und bewertet den Nutzen von Competitive Intelligence als moderne Wettbewerbsanalyse in diesem Zusammenhang.

Abbildung 1 zeigt den Aufbau dieser Studie über die im Vorfeld erläuterten sechs Kapitel.

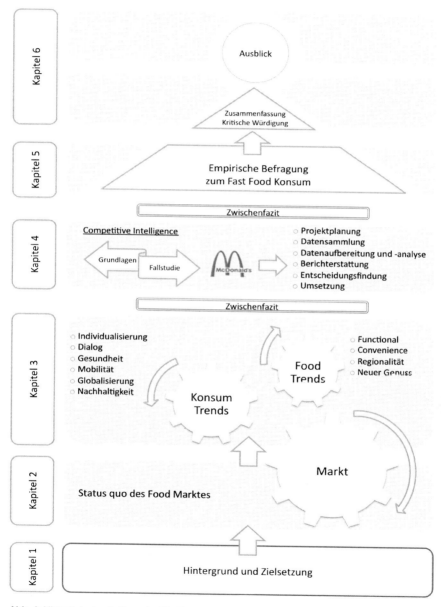

Abb. 1: Visualisierter Aufbau der Studie

2 Status quo des Fast-Food-Marktes

Auch wenn man die Entstehung des Fast Food gerne spontan den USA zuordnet, gibt es das schnelle Essen bereits seit der Antike. Der wirkliche Durchbruch gelang mit der Industrialisierung und der Erfindung der Fast-Food-Ketten.[6] In den folgenden Kapiteln wird der Status quo des Fast-Food-Marktes abgebildet. Über den Einstieg in die Historie des schnellen Essens und einen internationalen Vergleich zwischen den USA und Europa gelangt der Verfasser zu einer intensiven Auseinandersetzung mit dem Fokus auf den deutschen Markt. Hier erfolgt eine Marktanalyse gestützt durch die wichtigsten Kennzahlen der Branche.

2.1 Historische Entwicklung

Allgemein wird die Entstehung des Fast Food gerne an den USA festgemacht, denn die größten internationalen Franchisekonzerne stammen mehrheitlich aus den USA. Zudem hat sich der Hamburger mit Pommes als Stellvertreter der gesamten Fast-Food-Bewegung auf der ganzen Welt durchgesetzt, ein Gericht, das seinen Ursprung ebenfalls in den USA hat, wie die meisten Quellen belegen. Doch die Entstehung des Fast Food geht weit in die vorindustrielle Zeit zurück, denn Schnelligkeit spielte bereits zu dieser Zeit eine wichtige Rolle. Der Begriff des Fast Food entwickelte sich aus dem Kerngedanken der Schnelligkeit rund um die Zubereitung, den Verkauf und den Verzehr.

Maßgeblich entwickelte sich Fast Food in den Städten, wo später aus dem Straßenverkauf die ersten Imbissbuden entstanden. Die ersten Schnell-Mahlzeiten konnte man wohl in der Antike auf der Straße kaufen, wie Ausgrabungen in Pompeji ergaben. In Rom, Athen, Arabien und China waren Garküchen Haupternährungsquelle für diejenigen, die keine Kochstelle oder keinen Brennstoff hatten.[7]

---

[6] Vgl. **Wagner**, C. (1995): Fast schon Food. Die Geschichte des schnellen Essens, Frankfurt/Main, S. 27.

[7] Vgl. **Seesterhenn-Gebauer**, B. / **Brüning**, A. (1999): Fast Food, Mannheim, S. 10f.

In China hingegen versorgten Garküchen schon immer sowohl Reich als Arm mit einer immensen Vielfalt an warmen Mahlzeiten. Im heutigen China prägen Garküchen nach wie vor das Straßenbild. Im Mittelalter verlagerte sich der Grund für schnelles Essen unterwegs. Durch die Zunahme der Reisenden mit langen Wegen und wenig Platz wurde statt Proviant einzupacken auf den Verkauf auf der Straße zurückgegriffen. Das Angebot der Verkäufer war dabei regional bestimmt und frisch.[8]

In Deutschland wird der erste Imbiss im Jahre 1134 eröffnet. In Regensburg wurde zu der Zeit am Dom und an der steinernen Brücke gearbeitet. Die hungrigen Bauarbeiter mussten in den Pausen versorgt werden und erhielten an einem Imbiss Brotzeiten.[9]

Seit dem Anfang der Zeitrechnung bis zum Beginn der Industrialisierung kann man davon ausgehen, dass sich die Ernährungsgewohnheiten kaum geändert haben.[10] Durch die Industrialisierung gab es das erste Mal festgelegte Arbeitszeiten, der Tagesablauf mit Arbeitszeit und Pausen war fremdbestimmt, Wohnort und Arbeitsstätte waren immer weiter voneinander entfernt. Die Schnellimbisse waren durch diese Entwicklungen kaum noch wegzudenken. An Bahnhöfen, Häfen und Reisewegen standen Straßenverkäufer und Imbissbuden. Mit der Kommerzialisierung des Autos im 20. Jahrhundert wurden die Standorte weiter ausgedehnt und wurde die Architektur der Imbisse aufwendiger. In den USA entstanden so die ersten Drive-ins an den Autobahnen, in Deutschland die ersten Raststätten.[11]

Die Industrialisierung mit allen ihren Einflüssen auf das Essverhalten hat letztlich dazu geführt, dass die stetig wachsende Nachfrage nicht mehr ohne Massenproduktion auskam. Die meisten Straßenimbisse wurden von kleinen Unternehmen betrieben und das Angebot wurde individuell zusammengestellt.
Dies war die Zeit der Großkonzerne wie Kentucky Fried Chicken, Burger King und McDonald's, die sich seit den zwanziger Jahren in den USA etablierten.[12] In Abbildung

---

[8] Vgl. **Wagner,** C. (1995): Fast schon Food. Die Geschichte des schnellen Essens, Frankfurt/Main, S. 32.
[9] **Knop,** B. / **Schmitz,** M. (1983): Currywurst mit Fritten, Zürich, S. 11.
[10] **Sigrist,** S. (2004): The New Eating Normalcy: Wie wir morgen essen, Nr. 16 (Hrsg.) Gottlieb Duttweiler Institute, Rüschlikon/Zürich, S. 12.
[11] Vgl. **Seesterhenn-Gebauer,** B. / **Brüning,** A. (1999): Fast Food, Mannheim, S. 15.
[12] Vgl. **Wagner,** C. (1995): Fast schon Food. Die Geschichte des schnellen Essens, Frankfurt/Main, S. 32.

2 sind die ersten systematisierten Filialen mit Massenproduktion der zwanziger Jahre zu sehen.

Abb. 2: Erste Fast Food Filialen der zwanziger Jahre in den USA
Quelle: in Anlehnung an **Tannenbaum**, K. (2010): Fast-Food Firsts: A History of America's Chain Restaurants, Doughnut Shops, and Convenience Stores, http://www.delish.com/food-fun/fast-food-history, Abruf: 05.04.2011

2.2 Internationaler Marktvergleich

Bedingt durch die sich verändernden gesellschaftlichen Rahmenbedingungen konnte der internationale Fast-Food-Markt in den letzten Jahren trotz Weltwirtschaftskrise weiter wachsen. Der globale Fast-Food-Markt konnte 2009 ein Plus von 3,9% verzeichnen. In Europa lag das Wachstum nur bei 1,4%. Hier konnten die Fast-Food-Ketten größtenteils dank einer harten Preisstrategie weiteres Wachstum generieren.[13]

Dass sich auch der Fast-Food-Markt in Europa immer stärker etabliert, mag an einigen gesellschaftlichen Trends liegen, wie beispielsweise der Tatsache, dass immer mehr Menschen alleine leben, was möglicherweise dazu führt, dass in den Haushalten weniger gekocht wird. Abbildung 3 zeigt die Entwicklung der Einpersonenhaushalte bis 2021.

---

[13] Vgl. **Datamonitor** (2010): Industry Profile: Fast Food in Europe, S.12.

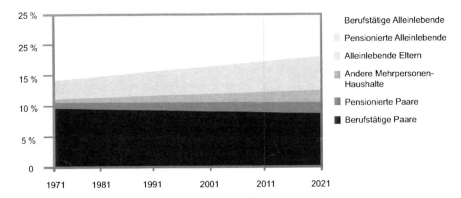

Abb. 3: Entwicklung der Einpersonenhaushalte in Europa bis 2021
Quelle: in Anlehnung an **Bosshart**, D. / **Hauser**, M. (2008): European Food Trends Report: Perspectives for Food Industry, Retail and Restaurant Trade, Nr. 29 (Hrsg.), Gottlieb Duttweiler Institute, Rüschlikon/Zürich, S. 17

Die zwei Schnellrestaurants McDonald's und Burger King sind wohl heutzutage die bekanntesten Weltkonzerne in der Fast-Food-Branche und das Synonym für die internationale Organisation von Essen nach dem Franchisesystem, dem Vermieten einer Geschäftsidee durch einen Franchisegeber inklusive Name, Marke, Know-how und Marketing.[14] Mit Blick auf die historische Entwicklung des Fast-Food-Marktes ist es kein Wunder, dass die Top-10-Fast-Food-Marken allesamt nach dem Franchiseprinzip funktionieren[15], denn so lässt sich eine risikoarme und sehr dichte Distribution über Franchisenehmer ausbauen.

Sowohl in den USA als auch in Europa nehmen die Schnellrestaurants mit knapp 70% Marktanteil den unangefochtenen ersten Platz ein, wenn es um den Konsum von Fast Food geht.[16] In den USA mag dies auch auf die ausgeprägte Kultur des Drive-ins zurückzuführen sein, des Vorbeifahrens an Schnellrestaurants mit dem Auto, während in Europa einige internationale Ketten das Konzept zwar anbieten, aber dennoch der Gang ins Schnellrestaurant bevorzugt wird.

---

[14] Vgl. **Förderland** (o.D.): Was ist Franchise?, http://www.foerderland.de/334.0.html, Abruf: 05.04.2011.
[15] Vgl. **Foodservice Magazin** (2009): Fast Food – Most Valuable Global Brands 2009, Nr. 07, S. 12.
[16] Vgl. **Datamonitor** (2010): Industry Profile: Global Fast Food, S. 11.

Burger und Pommes kommen weltweit auf den Speiseplan, wenn es um schnelles Essen geht. International ist dieses Segment extrem konzentriert und wird von den zwei Multikonzernen McDonald's und Burger King nahezu allein bedient. Burger King ist demnach in den USA das größte Fast-Food-Unternehmen mit einem Umsatz von rund 2,3 Milliarden US-Dollar im Jahre 2009.[17]

Aber auch die Pizza hat international Liebhaber gefunden – in den USA liegt das Unternehmen Domino Pizza an zweiter Stelle nach Burger King.[18]

In Europa herrscht auf Grund der vielen Nationalitäten und Kulturen ein differenzierteres Bild. Hier sind die Einflüsse aus Amerika zwar auch deutlich spürbar, an der Spitze der europaweiten Fast-Food-Unternehmen steht aber eine spanische Firma namens Autogrill. Das Unternehmen konzentriert sich weltweit auf die Reisenden. Neben klassischen Fast-Food-Angeboten an Bahnhöfen, Rasthöfen, Flughäfen und auf Messen betreibt das Unternehmen Duty-free-Shops an Flughäfen und ist einer der größten Catering-Anbieter im Flugverkehr.[19] Lediglich der Fast-Food-Markt in Frankreich wird inzwischen zu 60% von McDonald's beherrscht.[20] Europaweit lassen sich mittlerweile für alle internationalen Gerichte Bringdienste finden – ob Sushi, Chinesisch oder Mexikanisch – alles kann bequem nach Hause geliefert werden.[21]

Was die Zukunft des Fast-Food-Marktes international betrifft, sehen die Prognosen gut aus. Während bis 2014 der globale Fast-Food-Markt um 19,2% wachsen soll, kann Europa voraussichtlich sogar ein Wachstum von 22,4% verzeichnen.[22] Wie Unternehmen an diesem Wachstum partizipieren können, hängt von den Konsumtrends der nächsten Jahre und der strategischen Positionierung der Unternehmen ab. Hierauf wird in den folgenden Kapiteln noch im Detail eingegangen.

---

[17] Vgl. **Datamonitor** (2010): Industry Profile: Global Fast Food, S. 16f.
[18] Vgl. **Datamonitor** (2010): Industry Profile: Global Fast Food, S. 22.
[19] Vgl. **Datamonitor** (2010): Industry Profile: Fast Food in Europe, S. 16.
[20] Vgl. **Beck, U. / Snaider, N. (2003)**: Globales Amerika? Die kulturellen Folgen der Globalisierung, Mittenwald, S. 149.
[21] Vgl. **Beck, U. / Snaider, N. (2003)**: Globales Amerika? Die kulturellen Folgen der Globalisierung, Mittenwald, S. 54.
[22] Vgl. **Datamonitor** (2010): Industry Profile: Fast Food in Europe, S. 30.

2.3 Charakteristik des deutschen Marktes

Der deutsche Ernährungsmarkt wird von zwei Vertriebskanälen bestimmt: zum einen dem Lebensmitteleinzelhandel und zum anderen dem Außer-Haus-Markt. Letzterer ist ausschlaggebend für die Entwicklung der Fast-Food-Branche in Deutschland.[23]

Im Bereich des Lebensmitteleinzelhandels herrscht seit Jahren ein enormer Preiswettbewerb.[24] Steigende Energiekosten und die zunehmende Macht des Handels auf Grund begrenzter Regalplätze machen es der Industrie schwer Marken langfristig rentabel zu halten. Dabei ist der deutsche Konsument durch die Angebote der Discounter verwöhnt und seit Jahren nicht mehr bereit mehr Geld für Essen auszugeben. Im Gegenteil – die Ausgaben für Lebensmittel sinken seit Jahren rapide.[25]

Der wesentlich positivere Absatzkanal in der Ernährungsindustrie ist der Außer-Haus-Markt, der sich dank immer unregelmäßigerer Tagesabläufe bei Berufstätigen positiv entwickelt. Und dieser Trend Begünstigt auch die Fast Food Branche.[26] Auch wenn in Deutschland die Fast-Food-Ketten von ca. 15.000 Döner-Buden[27] abgelöst wurden, herrscht auch hier ein Bild vor, wie es international die Regel geworden ist. Den Markt machen die großen Franchisekonzerne.

2.3.1 Kennzahlen

Analog zum internationalen und europäischen Fast-Food-Markt entwickelt sich der deutsche Markt seit Jahren ebenfalls positiv. Im europäischen Vergleich erreichen nur Frankreich und Großbritannien höhere Wachstumsraten. Der deutsche Fast-Food-Markt hat 2009 einen Umsatz in Höhe von 4,3 Milliarden Euro eingefahren, das ist ein Wachstum von 3,4% im Vergleich zum Vorjahr. Das Hauptgeschäft machen die

---

[23] Vgl. **Bratschi**, T. / **Feldmann**, L. (2005): Stomach Competence: Wachsen in gesättigten Food-Märkten (Hrsg.), Lebensmittel Zeitung, 2. Auflage, Frankfurt am Main, S. 21.
[24] Vgl. **BDI Bundesverband der deutschen Industrie e.V.** (2011): BDI Konjunktur-Report, Nr.1, Berlin, S. 10.
[25] Vgl. **Dahlmann**, D. (2011): Gesunde Ernährung nur für „Reiche"?, http://www.nestle-studie.de/artikel/gesunde-ernährung-nur-für-reiche, Abruf: 12.03.2011.
[26] Vgl. **Fahlser**, A./**Dahlmann**, D. (2011): So is(s)t Deutschland – ein Spiegel der Gesellschaft (Hrsg.) Nestlé Deutschland AG, Frankfurt am Main.
[27] Vgl. **Döner-t** (2009): Döner in Zahlen: Wissenswertes zum Döner, http://www.doener365.de/facts/article.php?lang=de&id=15, Abruf: 05.04.2011.

Schnellrestaurants in der Branche.[28] Abbildung 4 zeigt die Marktsegmentierung in Deutschland.

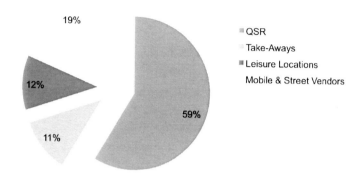

Abb. 4: Fast Food Marktsegmente in Deutschland
Quelle: in Anlehnung an **Datamonitor** (2010): Industry Profile: Fast Food in Germany, S. 11.

Neben dem klassischen Außer-Haus-Markt ist der Tiefkühlsektor mit Fertigprodukten in Deutschland weiter auf Erfolgskurs. 2009 konnte die Branche ein Umsatzplus von 0,7% einfahren. Der Gesamtumsatz mit Tiefkühlprodukten lag 2009 bei 11,2 Milliarden Euro.[29] Damit ist das Tiefkühlsegment in Deutschland die allererste Wahl, wenn es um schnelles Essen geht. Am häufigsten greifen die Deutschen zu Pizzen und Fisch, wenn sie im Supermarkt Tiefkühlprodukte kaufen. Diese beiden Posten alleine machen rund 1 Milliarde Euro jährlich aus [30]

---

[28] Vgl. **Datamonitor** (2010): Industry Profile: Fast Food in Germany, S. 9ff.
[29] Vgl. **Finanznachrichten.de** (2010): Lust auf Tiefkühlkost ungebrochen, http://www.finanznachrichten.de/nachrichten-2010-04/16682465-tiefkuehlwirtschaft-trotzt-der-krise-lust-auf-tiefkuehlkost-ungebrochen-mit-bild-007.htm, Abruf: 01.03.2011.
[30] Vgl. **G + J Branchenbild** (2009): Fertiggerichte + Tiefkühlkost, Nr. 19 (Hrsg.) G+J Media Sales, Hamburg, S. 8.

2.3.2 Wettbewerb

Da Nahrung eines der Grundbedürfnisse des Menschen und damit lebensnotwendig ist, ist ein Markt, auf dem Nahrungsmittel gehandelt werden, unsterblich. Durch die unendliche Vielfalt an Produkten und einen immensen Preiskampf getrieben durch die Discounter, die in Deutschland inzwischen einen Marktanteil von 40% haben,[31] ist der Druck auf Angebotsseite groß geworden und der Verbraucher von der Fülle an Möglichkeiten überfordert.[32] Hinzu kommt, dass immer weniger Zeit für die Nahrungsaufnahme zur Verfügung steht und die wachsende Mobilität dazu führt, dass auch Essen mobil verzehrt werden können muss.[33]

Abbildung 5 zeigt die Wettbewerbsebenen, zwischen denen sich die Fast-Food-Branche in Deutschland befindet.

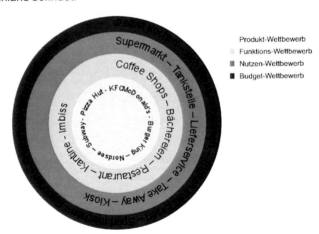

Abb. 5: Ebenen des Wettbewerbs in der Fast Food Branche
Quelle: in Anlehnung an **Pfaff**, D. (2004): Praxishandbuch Marketing – Grundlagen und Instrumente, Frankfurt am Main, S. 100.

---

[31] Vgl. **Handelsblatt** (2005): Ernährungsindustrie setzt auch 2005 auf Export, http://www.handelsblatt.com/unternehmen/industrie/ernaehrungsindustrie-setzt-auch-2005-auf-den-export/2466078.html, Abruf: 01.03.2011.
[32] Vgl. **Brunner**, K.-M. / **Geyer**, S. / **Jalenko**, M. (2007): Ernährungsalltag im Wandel. Chancen für Nachhaltigkeit, Wien, S. 188.
[33] Vgl. **Fahlser, A. / Dahlmann, D.** (2011): So is(s)t Deutschland – ein Spiegel der Gesellschaft (Hrsg.) Nestlé Deutschland AG, Frankfurt am Main, S. 1.

In diesem Zusammenhang hat die Fast-Food-Branche den entscheidenden Vorteil gegenüber einem beispielsweise klassisch zubereiteten Gericht oder einem Restaurantbesuch. In den rund 27.000 Individualbetrieben und 7.400 Ketten[34] geht es schnell in der Zubereitung, schnell beim Service und meist auch schnell beim Verzehr. Neben dem Schnellrestaurant warten immer mehr Coffeeshops mit einem großen Angebot an schnellen Snacks auf, Bäckereien wappnen sich mit warmen Mahlzeiten, um neben dem Frühstück auch eine Chance beim Kampf um das Mittagessen zu haben.[35]

Und dank der Foodtechnologie sind auch die Regale in den Supermärkten, was Chilled Food, die gekühlten verzehrfertigen Mahlzeiten zum Erwärmen angeht, in den letzten Jahren stetig gewachsen. Auch wenn hier das größte Segment frische Nudeln und Nudelsoßen ausmacht, ist über die letzten Jahre die Nachfrage nach verzehrfertigen Burgern, Hotdogs, Pizzen und Bratkartoffeln stetig gestiegen.[36] Und auch in der Tiefkühltruhe zeigt sich, dass ein Drittel der deutschen Bundesbürger regelmäßig zu Tiefkühlkost greift.[37] Lediglich im entfernten Wettbewerb, dem Budget-Wettbewerb, wird es schwer Alternativen zu finden, da sich Nahrung kaum substituieren lässt.

Der Wettbewerb in Deutschland ist ähnlich hart wie im Rest Europas. Während sich das Segment rund um Burger maßgeblich zwischen den zwei großen Ketten McDonald's und Burger King aufteilt, ist der Rest des Marktes stark fragmentiert.

Auch wenn der Markt in den letzten Jahren weiter wachsen konnte, hatten es die Unternehmen schwer ihre Umsätze zu steigern. Da der Markt eine extreme Vielfalt bietet und der Verbraucher ähnliche Angebote bei einer Reihe von Anbietern erhalten kann, ist der Markt durch einen enormen Preiswettbewerb gekennzeichnet. Der Versuch, eine Markenloyalität beim Verbraucher aufzubauen und ihn so langfristig an das Unternehmen zu binden, ist bis dato in Deutschland lediglich McDonald's gelungen, das dafür 2009 aber Werbeaufwendungen in Höhe von 650,8 Millionen US-Dollar

---

[34] Vgl. **Business Target Group GmbH** (2011): Foodservice-Länderreport 2010, Scheessel, S.1.
[35] Vgl. **Fichtel**, K. (2010): Bäckermeister machen Fast-Food-Ketten Konkurrenz, http://www.abendblatt.de/wirtschaft/article1421602/Baeckermeister-machen-Fast-Food-Ketten-Konkurrenz.html, Abruf. 03.04.2011.
[36] Vgl. **Brück**, M. (2008): Cooles Fast Food, http://www.wiwo.de/unternehmen-maerkte/cooles-fast-food-292072/, Abruf: 17.03.2011.
[37] Vgl. **G + J Branchenbild** (2009): Fertiggerichte + Tiefkühlkost, Nr. 19 (Hrsg.) G+J Media Sales, Hamburg, S. 5.

aufbringen musste. Die größten Wettbewerber in Deutschland sind Burger King, McDonald's, Subway, Nordsee und Yum Brands, zu denen Marken wie Kentucky Fried Chicken und Pizza Hut gehören.

McDonald's ist die ungeschlagene Nummer eins unter den Fast-Food-Anbietern in Deutschland. Im Jahr 2010 konnte das Unternehmen in Deutschland erstmals mehr als 3 Milliarden Euro Umsatz erzielen. Das war ein Wachstum von 3,7%. Somit werden rund 2,69 Millionen deutsche Bürger täglich in den 1386 Filialen bedient. Dies verdankt das Unternehmen sowohl dem konsequenten Markenaufbau mit Hilfe von Kommunikationsmaßnahmen als auch der ausgedehnten Distribution und den Produktinnovationen, die immer wieder neue Kaufanreize schaffen.[38]

Der Hauptkonkurrent Burger King hat sich in den letzten Jahren sehr schwergetan. Mit lediglich 700 Filialen und einem Umsatz von 765 Millionen Euro im Jahr 2009 liegt Burger King weit hinter dem Marktführer McDonald's.[39] Für das Jahr 2010 kündigte Burger King einen umfassenden Markenrelaunch an. Sowohl im Produktangebot als auch im Service und der Preisgestaltung sollen umfassende Erneuerungen anstehen, um dem Abwärtstrend entgegenzusteuern.[40]

Subway, der Anbieter von gefüllten Baguettes, kam erst 1999 auf den deutschen Markt, hat aber relativ schnell dem Marktführer McDonald's den Kampf angesagt.[41] Der Plan bestand darin, mit Hilfe von willigen Franchisenehmern bis 2010 1.500 Filialen deutschlandweit zu eröffnen und damit McDonald's zu überholen. In der Presse wurden jedoch Stimmen laut, die über die teils dubiosen Franchiseverträge berichteten, 2010 schlossen bereits wieder 100 Filialen, als dass neue hinzukamen.[42] In Sachen Umsatz kann das amerikanische Unternehmen mit derzeit 798 Filialen

---

[38] Vgl. **Focus Money Online** (2011): McDonald's boomt in Deutschland, http://www.focus.de/finanzen/news/unternehmen/fast-food-mcdonalds-boomt-in- deutschland_aid_602336.html, Abruf: 12.03.2011.
[39] Vgl. **DEHOGA Bundesverband** (2010): Systemgastronomie in Deutschland 2010, 9. Aufl., Berlin, S. 9.
[40] Vgl. **DEHOGA Bundesverband** (2010): Systemgastronomie in Deutschland 2010, 9. Aufl., Berlin, S. 36.
[41] Vgl. **Kerbusk,** K.-P. (2007): Sinking Subs in Germany, http://www.spiegel.de/international/spiegel /0,1518,471496,00.html, Abruf: 03.03.2011.
[42] Vgl. **Schäfer,** P. (2010): Ein Schwager gegen die Krise, http://www.zeit.de/wirtschaft/2010-03/subway-deutschland?page=all&print=true, Abruf: 03.03.2011.

kaum an die Großen herankommen. 230 Millionen Euro Umsatz konnte das Unternehmen 2009 erzielen.[43]

Nordsee ist unter den führenden Fast-Food-Anbietern das einzig deutsche Konzept und mit der ersten Filiale im Jahr 1965 der erste Anbieter von schnellen Mahlzeiten im Schnellrestaurant oder als Take-away am Imbissstand. Ziel des Unternehmens war es, auch die Bürger in küstenfernen Regionen mit frischem Fisch zu versorgen. Mit 297,5 Millionen Euro Umsatz 2009 und 351 Filialen stagniert das Unternehmen seit einigen Jahren.[44] Das auf Fisch ausgerichtete Angebot mag Fluch und Segen zugleich sein. Auf der einen Seite differenziert das Angebot sich von den übrigen Fast-Food-Ketten, die sich auf ein eher fleischlastiges Angebot konzentrieren, andererseits ist Fisch generell eher ein Nischenprodukt. Im Zuge des Sushi-Trends hatte Nordsee 2006 auch eine Sushi-Box eingeführt, um das Geschäft anzukurbeln, der Erfolg blieb auf Grund der Produktqualität aber aus, wie sich in diversen Foren im Internet verfolgen lässt. Es ist fraglich, wie sich das Unternehmen in den kommenden Jahren entwickeln wird. Das nordfriesische Fischkonzept ist auf Grund der sehr eng gefassten Konzeptidee bezüglich Innovationen möglicherweise nicht so flexibel wie die Wettbewerber.

2.3.3 Marktprognose

Weitestgehend scheint die Fast-Food-Branche der Weltwirtschaftskrise getrotzt zu haben, denn fast alle konnten ihr Geschäftsergebnis weiter ausbauen. Doch mit einem Blick auf das Angebot der großen Anbieter vermisst man Innovationskraft und neue Impulse. Ebenso sind aber kaum Alternativen geboten, die in puncto Schnelligkeit, Bequemlichkeit und Mobilität mithalten können. Möglicherweise drängt es täglich Millionen Menschen weiterhin in die Filialen, wenn es unterwegs schnell gehen muss.

Dem Markt wird in Deutschland ein Wachstum von 18,4% von 2009 bis 2014 vorausgesagt.[45] Wie die großen Unternehmen an diesem Wachstum partizipieren und sich

---

[43] Vgl. **DEHOGA Bundesverband** (2010): Systemgastronomie in Deutschland 2010, 9. Aufl., Berlin, S. 9.
[44] Vgl. **DEHOGA Bundesverband** (2010): Systemgastronomie in Deutschland 2010, 9. Aufl., Berlin, S. 67.
[45] Vgl. **Datamonitor** (2010): Industry Profile: Fast Food in Germany, S. 2.

gegen den wachsenden Wettbewerb aus der Tiefkühltruhe und dem Kühlregal behaupten können, wird im Laufe der vorliegenden Arbeit beantwortet.

3 Evolution des Konsums

Das Image von Fast Food in Deutschland ist seit jeher negativ behaftet. Viele werfen den Produkten ungesunde Eigenschaften vor. Hinzu kommt, dass die großen Konzerne als Sinnbild für die Amerikanisierung der deutschen Esskultur an den Pranger gestellt werden. Auch die Medien bedienen sich immer wieder gerne dieser Thematik.

Es scheint indes, als sei das den Fast-Food-Unternehmen egal, denn sowohl die Besucher- als auch Umsatzzahlen stimmen. Doch seit einigen Jahren ist ein zögerliches Bestreben zu spüren, sich den Foodtrends der Zukunft zu stellen.

In den folgenden Kapiteln werden die großen gesellschaftlichen Trends der Zukunft aufgezeigt, um die Konsumenten und deren Rolle auf den Märkten besser verstehen zu lernen. Anschließend erfolgt der Transfer auf das Foodsegment. Anhand von ausgewählten Foodtrends wird eine Perspektive für die Fast-Food-Industrie aufgezeigt.

3.1 Dynamik des Konsums

In der Volkswirtschaft wird der Begriff des Konsums als geschlossener Wirtschaftskreislauf zwischen Unternehmen und Haushalten verstanden.

Die Mitglieder der Haushalte erbringen eine Arbeitsleistung, mit deren Hilfe Güter in den Unternehmen produziert werden. Diese Güter werden auf dem freien Markt gehandelt und an die Haushalte verkauft, die diese dann konsumieren. Der Konsum ermöglicht den Haushalten weitere Arbeitsleistung zu erbringen und verhilft somit auch den Unternehmen zu weiterer Produktion und damit zu weiterem Umsatz. Diese Arbeitsleistung kann dann mit Einkommen vergütet werden, womit die Haushalte den Konsum bezahlen können. Dies wiederum landet in Form von Umsatz bei den Unternehmen. In der einfachen Darstellung geht man davon aus, dass das volle Einkommen wieder als Konsumausgaben auf dem Markt landet und nichts gespart wird. Somit lässt sich das gesamte Bruttoinlandsprodukt bzw. das gesamte Einkommen aller an der Wirtschaft Beteiligten als Addition von privaten Konsumausgaben und Investitionsausgaben darstellen[46], wie in Abbildung 6 zu sehen ist.

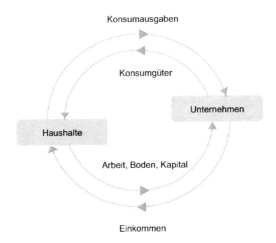

Abb. 6: Geschlossener Wirtschaftskreislauf in der Volkswirtschaftslehre
Quelle: in Anlehnung an **Fahlser, A. / Dahlmann, D.** (2011): So is(s)t Deutschland – ein Spiegel der Gesellschaft (Hrsg.) Nestlé Deutschland AG, Frankfurt am Main, S. 6.

Der Grad des Konsums ist sowohl von wirtschaftlichen als auch psychologischen Faktoren abhängig. In der Betriebswirtschaftslehre ergibt sich der Konsum durch das verfügbare Einkommen, die Konsumneigung, womit der Effekt der Konsumsteigerung durch zusätzliches Einkommen beschrieben wird, und den autonomen Konsum, den Konsum, der unabhängig vom Einkommen stattfindet.[47] Hierunter fällt beispielsweise auch die Befriedigung der Grundbedürfnisse wie Trinken und Essen. Hinzu kommt eine Reihe von psychologischen Faktoren, die den Konsum beeinflussen. Somit spricht man von der Dynamik des Konsums, da sich die Faktoren dynamisch verändern.[48]

Seit Jahren ist fraglich, ob der Konsum eine Grenze hat und sich die Wohlstands- und Konsumgesellschaft einer Sättigung nähert. Global gesehen stagniert der Konsum.

---

[46] Vgl. **Bartling**, H. / **Luzius**, F. (2008): Grundzüge der Volkswirtschaftslehre, 16. Aufl., München, S. 7.
[47] Vgl. **Siebert**, H. (2007): Einführung in die Volkswirtschaftslehre, 15. Aufl., Stuttgart, S. 113.
[48] Vgl. **Kottler**, P. / **Keller**, K. / **Bliemel**, F. (2007): Marketing-Management: Strategien für wertschaffendes Handeln, 12. Aufl., München, S. 325.

Nicht nur, weil jedes Individuum ein Limit hat, was Einkommen, Zeit und Raum betrifft, sondern weil Rohstoffe immer teurer werden, immer mehr Wettbewerber in die internationalen Märkte eindringen und Wachstumsgewinne nur schleppend ansteigen. Zudem ist eine Reihe von Schwellenländern auf dem Sprung in die Konsumgesellschaft. In diesem Zusammenhang scheint weitestgehend scheint diese Grenze über dem zu liegen, was die Welt vertragen kann. Bereits 1992 wurde eine erste Konferenz der Vereinten Nationen in Rio de Janeiro abgehalten, auf der der Begriff der Nachhaltigkeit geprägt wurde. Die Staaten einigten sich zu einer Kooperation in Sachen Umwelt- und Entwicklungspolitik.[49] Der Begriff der Nachhaltigkeit, der laut der Konferenz fordert nur so viele Rohstoffe zu verbrauchen, wie in der gleichen Zeit auch neu gebildet werden können, und nur so viele Schadstoffe abzugeben, wie die Natur in der gleichen Zeit auch abbauen kann[50], ist bis heute in den Medien viel diskutiert, bei den Verbrauchern angekommen und zählt zu einem der Megatrends der kommenden Jahre, der sowohl die Verbraucher als auch die Unternehmen vor neue Herausforderungen stellt. 2012 soll eine Anschlusskonferenz „nachhaltige Entwicklung" stattfinden, auf der die aktuellen Probleme diskutiert und Handlungsschritte für alle Staaten definiert werden.[51]

Um 2050 wird es rund 50 Millionen Europäer weniger geben. Dies liegt an der stark rückläufigen Geburtenrate. Mit einer veralteten Bevölkerung stellt sich die Frage, wie der Konsum der Zukunft aussehen wird und wie auch in Zukunft Wohlstand erzielt werden kann, ohne dass es wirtschaftliches Wachstum geben wird.[52]

Die Errechnung der Indexwerte erfolgt nach einem von der Gesellschaft für Konsumforschung entwickelten System. In die Berechnung fließen Indikatoren wie Beschäftigung, Bildung, Innovationen, Demographie, Wirtschaftsstruktur und Tourismus ein.

Dabei wird eine Kaufkraftdichte errechnet, die sich aus der Anzahl der Einwohner mal der durchschnittlichen Kaufkraft pro PLZ-Gebiet in Millionen Euro pro Quadratkilometer

---

[49] Vgl. **Stahr**, A. (2000): Die Konferenz von Rio de Janeiro 1992, http://www.wissen.de/wde/generator/wissen/services/print,page=1310204,node=558918.html, Abruf: 11.04.2011.
[50] Vgl. **König**, W. (2000): Die Geschichte der Konsumgesellschaft, Stuttgart, S. 457.
[51] Vgl. **Rat für nachhaltige Entwicklung** (2010): „Rio+20": Folgekonferenz zum Erdgipfel von 1992 kommt, http://www.nachhaltigkeitsrat.de/index.php?id=5168, Abruf: 11.04.2011.
[52] Vgl. **Stegner**, E. (2009): Vortrag: Kaufkraft 2020 in Europa: Ein Ausblick am Beispiel der vier Länder Deutschland, Italien, Schweden und Polen, GFK Tagung 2009, Nürnberg, S. 22.

ergibt.[53]

Der private Konsum wird weniger von der Anzahl an Menschen abhängig sein, sondern sich vielmehr durch die so genannten Lebensstile ergeben, also die soziodemographischen Eigenschaften und Einstellungen. Und diese ergeben sich aus dem Konsum der Vergangenheit. Die Zeiten, in der die meisten Märkte in alle Richtungen boomten, sind scheinbar vorbei, denn die Kaufkraft stagniert. Viele Märkte sind sogar zerstört, weil die Preisspirale zu stark nach unten gedreht wurde und die Konsumenten von den unzähligen Werbebotschaften verunsichert sind und in den meisten Produkten nur noch Verpackung mit wenig Inhalt sehen.[54]

In Zukunft werden sich diejenigen Unternehmen behaupten können, die sich auf schnelle Sortimentswechsel, kurze Produktlebenszyklen, einen besser informierten Kunden, eine höhere Preistransparenz und die jederzeit verfügbare Onlinekaufoption einstellen.[55]

3.2 Machtverschiebung

Durch die Digitalisierung der letzten Jahre findet eine extreme Machtverschiebung vom Anbieter zum Konsumenten statt. Durch Foren, Blogs, Communitys, persönliche Testberichte usw. hat der Konsument plötzlich die Chance, sich an entscheidenden Prozessen der Wirtschaft zu beteiligen. Sogar bei der Preisgestaltung hat er ein Mitspracherecht, wie beispielsweise eBay in den vergangenen zehn Jahren bewiesen hat.[56] Früher haben Unternehmen bestimmt, welche Konsumenten wo einkaufen sollen, was sie kaufen sollen und zu welchem Preis. Heute legt diese Parameter der Konsument fest.[57] Seine Macht zieht er in erster Linie aus seinem Wissen, das er im

---

[53] Vgl. **GFK Gesellschaft für Konsumforschung** (2009): Berechnung der Kaufkraftdichte, http://www.gfk-geomarketing.de/fileadmin/newsletter/enews_de/newsletter12_2010.html, Abruf: 11.04.2011.
[54] Vgl. **Langwieser**, C. / **Kirig**, A. (2010): Konsument 2020: Die wichtigsten Konsumtrends im Wandel der Zeit (Hrsg.), Zukunftsinstitut GmbH, Kelkheim, S. 6.
[55] Vgl. **GFK Gruppe** (2009): Konsum der Zukunft, http://www.gfk.com/group/press_informati on/press_releases/004256/index.de.print.html, Abruf: 11.04.2011.
[56] Vgl. **Angerer**, M. (2008): im Interview mit: **Cole**, T., Der Kunde wird zum Despot, http://www.trendbuero.de/index.php?f_categoryId=155&f_articleId=2727, Abruf: 03.04.2011.
[57] Vgl. **Steinle**, A. (2004): Die neue Macht der Verbraucher, http://www.manager-magazin. de/lifestyle/freizeit/0,2828,303479,00.htmlAbruf: 03.04.2011.

Internet aufbaut. Über die Kommunikation mit anderen Usern können Erfahrungen mit Produkten ausgetauscht, der Service beurteilt und Preise verglichen werden – Empfehlungsmarketing unter Konsumenten. Dem wird inzwischen weitaus mehr Vertrauen geschenkt als TV-Spots im Fernsehen.[58] Und dieses Phänomen des mündigen Konsumenten können Unternehmen in Zukunft nicht ausblenden.

2010 gab es bereits 21 Millionen Internetanschlüsse in Deutschland. Bis 2015 sollen es schon 29 Millionen sein. Und die Nutzung des Internets ist dabei nicht mehr nur eine Angelegenheit junger Menschen. Konsumenten aller Altersschichten werden in naher Zukunft das Internet ganz selbstverständlich nutzen, denn es ist für viele Ausdruck eines modernen und innovativen Lebensstils. Kommunikation, Unterhaltung und E-Commerce werden die drei großen Anwendungen des Internets darstellen, wie eine Studie zur Onlinenutzung in Deutschland zeigt.[59]

Um als Unternehmen in der Wahrnehmung des Konsumenten eine Chance zu haben, gilt es dessen Wünsche im Voraus zu erkennen und gezielt darauf einzugehen. Schwierig wird für die Unternehmen, dass es quasi keine Zielgruppen mehr gibt, denn der Konsument gewinnt so stark an Individualität, dass jeder Einzelne eine Zielgruppe ist. Für Unternehmen stellt sich die Frage, wie sie wen bedienen wollen.[60] Wichtig ist, dass die Produkte der Zukunft die Wünsche der Konsumenten erfüllen. Und um diese zu erfahren, bieten die moderne Technologie und die Entwicklung des Internets eine hervorragende Plattform.

---

[58] Vgl. **Schneider**, M. (2011): SWYN: Die neue Marktmacht des Konsumenten, http://www.suite101.de/content/swyn-divide-et-impera-teile-und-herrsche-a102235, Abruf: 03.04.2011.
[59] Vgl. **Deutsche Telekom AG** (2008): Deutschland Online 2007, Bonn, S. 3.
[60] Vgl. **Angerer**, M. (2008): im Interview mit: **Cole**, T., Der Kunde wird zum Despot, http://www.trendbuero.de/index.php?f_categoryId=155&f_articleId=2727, Abruf: 03.04.2011.

3.3 Konsumtrends

Um zu wissen, welche Angebote in Zukunft Erfolg haben und insbesondere wie Konsumenten von morgen essen wollen, ist es essenziell die gesellschaftlichen Rahmenbedingungen zu kennen, in denen Konsumenten und Unternehmen leben und arbeiten. Ein Blick auf eine Auswahl der großen Konsumtrends von morgen kann dabei helfen den Konsumenten und die Themen, die ihn beschäftigen, besser kennenzulernen. Nur so lassen sich Produkte entwerfen, die den Wünschen, Bedürfnissen und Sehnsüchten der Menschen entsprechen.

Die Konsumtrends drehen sich rund um das die Themen Vernunft, Lust und Moral.[61] Wenngleich die Konsumenten getrieben durch den Trend der Individualisierung nach dem Ausgefallenen, Einzigartigen suchen, um sich selbst darzustellen, wird der Drang nach dem Feedback der Masse immer stärker. Dies führt zu einem weiteren großen Trend, dem Vertrauen. Neben Freunden und Familie wandert dieses zu anderen Konsumenten im Netz. Hersteller, Handel und Politik können kaum noch Vertrauen zu den Konsumenten aufbauen, ohne in Sachen Transparenz, Nachhaltigkeit und Ökobilanz etwas beweisen zu können.

Während das Marketing der Vergangenheit versucht hat Menschen emotional an Produkte oder Hersteller zu binden, zeigen die Konsumtrends von morgen, dass die Kernaufgabe darin besteht, Menschen mit Menschen zu verbinden.[62]

3.3.1 Individualisierung

In einer Gesellschaft, in der die Grundbedürfnisse wie Essen, Trinken und Schlafen befriedigt sind, widmet sich der Mensch den sekundären Bedürfnissen wie Bildung, Individualisierung, Mobilität, Gesundheit usw.[63] Der Trend der Individualisierung hat

---

[61] Vgl. **Langwieser**, C. / **Kirig**, A. (2010): Konsument 2020: Die wichtigsten Konsumtrends im Wandel der Zeit (Hrsg.) Zukunftsinstitut GmbH, Kelkheim, S. 6.
[62] Vgl. **Frick**, K. / **Hauser**, M. (2007): Vertrauen 2.0: Auf wen sich Konsumenten in Zukunft verlassen, in: GDI Study Nr. 25 (Hrsg.) Gottlieb Duttweiler Institute, Rüschlikon/Zürich, S. 4ff.
[63] Vgl. **Horx**, M. (2009): Werte im 21. Jahrhundert: Werte-Monitoring als Erfolgsfaktor der Zukunft, in: Zukunftsletter Januar 2009, S. 4.

nichts mit Egoismus zu tun. Es geht vielmehr darum, dass Konsum nicht nur einen Bedarf stillen, sondern auch dazu führen soll sich besser zu fühlen.

Während in den neunziger Jahren die schnelle Befriedigung im Fokus stand, wie das „Geiz-ist-geil"-Beispiel der Firma Saturn bewiesen hat, geht es in Zukunft mehr um einen langfristigen Genuss. Die Produkte, die der individuelle Kunde von morgen kauft, müssen weit mehr erfüllen, als einen Nutzen zu stiften. Sie sollen darüber hinaus die Balance fördern, mobil machen, inspirieren – eben die Gefühle des Käufers ansprechen.[64] Dass sich Farben auf die Stimmung des Menschen auswirken, ist bekannt. Dies hat sich beispielsweise die Firma Apple zu Nutze gemacht, die nach dem Schwarz-Weiß-Trend die Farbe mit ihren iPod-Modellen zurück in die Technik gebracht hat. Unternehmen wie Gorenje, Sony und Canon sind dem Trend gefolgt. Abbildung 7 zeigt Produkte des neuen Trends der Farbe.

Abb. 7: Mut zur Farbe in der Technik im Trend der Individualisierung
Quelle: in Anlehnung an **ausgefallene-ideen.com** (2011): Screenshot des Webauftritts, http://blog.ausgefallene-ideen.com/2006/10/03/sony-vaio-c-serie-jetzt-wirds-bunt/, Abruf: 21.03.2011; **Raw Art Weblog** (2011): Screenshot des Webauftritts, http://rawartint.wordpress.com/tag/apple/, Abruf: 21.03.2011; **Pink** (2011): Screenshot des Webauftritts, http://www.pinksd1300is.com/sd1300is_reviews.php, Abruf: 21.03.2011; **Gorenje AG** (2011): Screenshot des Webauftritts, http://www.gorenjegroup.com/en/news/gorenje-ifa-2009-press-room/gorenje-at-the-ifa-fair-2009, Abruf: 21.03.2011

Damit ist der Akt des Kaufens nicht mehr kurzfristig, sondern hat einen nachhaltigen Effekt.

Während die Unternehmen versuchen dem Wunsch der Konsumenten nach Nachhaltigkeit und Transparenz nachzukommen, fragt der Konsument von morgen bereits nach dem Vorteil für sich selbst. Im Trend der Individualisierung strebt der Konsument nach einer Kooperation auf Augenhöhe zwischen Konsumenten, Unternehmen und

---

[64] Vgl. **Langwieser**, C. / **Kirig**, A. (2010): Konsument 2020: Die wichtigsten Konsumtrends im Wandel der Zeit (Hrsg.) Zukunftsinstitut GmbH, Kelkheim, S. 10f.

Non-Profit-Organisation, so dass jeder an den Vorteilen des Konsums beteiligt ist. Und die ersten solchen Konzepte haben sich bewiesen.[65] Bei der Hotelgruppe Sage Hospitality konnte man während eines Aktionszeitraums einen Preisnachlass von 50% auf ein Zimmer erhalten, wenn mindestens acht Stunden gemeinnützige Arbeit bei einer Hilfsorganisation geleistet wurden.[66] Auch beim Disney-Konzern konnte man freien Eintritt bekommen, sofern man sich bei einer Hilfsorganisation registrierte und ehrenamtlich Hilfe leistete.[67]

Der Trend der Individualisierung wird sich gerade dort finden, wo es gilt persönliche Defizite durch Konsum auszugleichen, ohne dabei ein schlechtes Gewissen haben zu müssen.[68] Von dem Trend werden Unternehmen profitieren, die immaterielle Güter anbieten, denn gerade emotionale Bedürfnisse wie Zeit, Ausgleich, Zuneigung usw. werden Hochkonjunktur haben.

3.3.2 Dialog

Der Trend des Dialogs leitet sich aus der Sehnsucht der Konsumenten nach Anerkennung ab. Der Dialog mit anderen Menschen erfüllt soziale Funktionen und dient auch zum Erreichen der eigenen Ziele. Während früher die reine Aufmerksamkeit ausreichte, möchte der Konsument heute für seine Bedürfnisse und seinen Konsum Anerkennung bekommen und dies fordert er auch bei den Herstellern ein.[69] Da Anerkennung aber auf einem Dialog beruht, wird der Trend des Dialogs das gesamte Marketing und die komplette Konsumlandschaft auf den Kopf stellen.

Der Trend beschreibt den Versuch, die Hersteller von Waren und Dienstleistungen in den Austausch mit deren Abnehmern zu bringen. Im Zeitalter der Wissensgesellschaft

---

[65] Vgl. **Langwieser**, C. / **Kirig**, A. (2010): Konsument 2020: Die wichtigsten Konsumtrends im Wandel der Zeit (Hrsg.) Zukunftsinstitut GmbH, Kelkheim, S. 45.
[66] Vgl. **Schneider**, B. (2009): Mit „Give & Get"-Aktionen gesellschaftliches Engagement belohnen, http://www.best-practice-business.de/blog/?p=11235, Abruf: 02.03.2011.
[67] Vgl. **Smith**, T. (2009): Give a Day of Volunteer Service in 2010, Get a Day of Disney Theme Park Fun – Free, http://disneyparks.disney.go.com/blog/2009/09/give-a-day-of-volunteer-service-in-2010-get-a-day-of-disney-theme-park-fun-—free/, Abruf: 02.03.2011.
[68] Vgl. **Hagen**, H. (2011): Konsum macht einsam, http://www.sueddeutsche.de/wirtschaft/interview-mit-zygmunt-bauman-konsum-macht-einsam-1.1049496, Abruf: 02.03.2011.
[69] Vgl. **Wippermann**, P. (2011): Der Quellcode der Netzwerkökonomie: Connectivity+Collaboration+Coopetition+Co-Creation, http://www.trendbuero.de/index.php?f_articleId=3414 - ‚Abruf: 23.03.2011.

und des mündigen Konsumenten wird schon lange gefordert Konsumenten stärker in den Wertschöpfungsprozess zu integrieren.[70] Diese haben bereits selbst Wege gefunden, sich immer mehr Menschen mitzuteilen, und dabei erfahren, dass sie durch ihre Äußerungen Unternehmen zu enormem Erfolg, aber auch Misserfolg verhelfen können. In Sachen Misserfolg muss der Großkonzern Nestlé immer wieder negative Erfahrungen machen. Bekanntermaßen sind die Rohstoffbeschaffung und die Produktion bei Nestlé auch früher schon auf Grund von Ausbeutung, Rodung des Regenwaldes und vergifteter Milch immer wieder umstritten gewesen. Durch die audiovisuellen Möglichkeiten des Internets und die rasante Verbreitung von Nachrichten steht das Unternehmen in Sachen Internetberichterstattung in letzter Zeit immer wieder in der Kritik. Im ersten Halbjahr 2006 wurden die Kommentare und Berichte zu Nestlé ausgewertet. 30% waren Negativmeldungen. Nestlé hat inzwischen das Firmenprofil auf Facebook stillgelegt und sämtliche Onlinemaßnahmen gestoppt.[71]

Auf der anderen Seite bietet der Trend des Dialogs für viele Unternehmen auch eine gewaltige Chance. Sofern sie ihren Fokus vom Produkt stärker auf den Konsumenten verlagern, haben sie die Chance, einen Dialog zwischen Marke und Konsument herzustellen und wichtigen Input für die Markenführung zu generieren – quasi kostenlose Marktforschung. Das Interesse an Produkten und Marken ist in jedem Fall vorhanden. Mit einem Blick in die Communitys wie Facebook oder die VZ-Netzwerke findet man zu fast jedem Markenprodukt eine Usergruppe, die sich über die Leistungen und Produkte miteinander austauscht.[72]

Wie Abbildung 8 verdeutlicht, haben zumindest die weltweiten Unternehmen erkannt, welches Potenzial in dieser Entwicklung steckt, und planen das eigene Marketing diesbezüglich zu optimieren.

---

[70] Vgl. **Schüller**, A.-M. (2010): Kundenfokussierung – Der Kunde als Mitgestalter eines neuen Marketing, München, S. 5.
[71] Vgl. **Breuel**, I. (2010): Schlechtes Online Reputation Management bei Nestlé: Ungenügende Reaktion auf Vorwurf der Rooibos Robbery, http://www.netz-reputation.de/2010/06/schlechtes-online-reputation-management-bei-nestle/, Abruf: 23.03.2011.
[72] Vgl. **Langwieser**, C. / **Kirig**, A. (2010): Konsument 2020: Die wichtigsten Konsumtrends im Wandel der Zeit (Hrsg.), Zukunftsinstitut GmbH, Kelkheim, S. 88.

Abb. 8: Weltweite Unternehmen setzen auf den Dialog im Internet
Quelle: in Anlehnung an **Adobe Systems Incorporated** (2008): Web 2.0 Experience 2008 and beyond, http://www.marketingcharts.com/interactive/investments-rise-in-rich-media-social-networking-mobile-8520/, Abruf: 02.03.2011.

Viel weiter gehen bereits Unternehmen wie Tchibo, Airbus oder DaWanda. Tchibo hat beispielsweise eine Ideenplattform geschaffen, auf der Verbraucher Lösungen zu Alltagsproblemen entwickeln und anschließend als reale Produkte in den Filialen finden können.[73] Airbus richtet sich explizit an Studenten und Doktoranden und schreibt jährlich einen Innovationswettbewerb zur Weiterentwicklung der eigenen Flugzeuge aus.[74] Wer das Produkt, das er sucht, erst gar nicht findet, kann es einfach selbst herstellen und auf der Kreativ-Plattform DaWanda zum Verkauf für diejenigen anbieten, die ähnliche Produkte suchen.[75]

Unternehmen nutzen die Konsumenten bereits wie eigene Mitarbeiter und optimieren so ihre Produktangebote, bevor sie in den Markt kommen. Das steigert die Profitabilität des Unternehmens auf der einen Seite und bringt auf der anderen Seite relevante Produkte für die Konsumenten auf die Märkte.[76]

Abbildung 9 zeigt den Innovationsprozess mit den involvierten Konsumenten.

---

[73] Vgl. **Tchibo GmbH** (2011): Website, https://www.tchibo-ideas.de/index.php/loesungen/ansehen, Abruf: 23.03.2011.
[74] Vgl. **Airbus S.A.S.** (2011): Website, http://www.airbus-fyi.com/highlights.php, Abruf: 23.03.2011.
[75] Vgl. **DaWanda GmbH** (2011): Website, http://de.dawanda.com/werbemittel, Abruf: 23.03.2011.
[76] Vgl. **Burmeister**, K. (2009): Dialog statt Wissensvermittlung, in: Absatzwirtschaft Sonderheft 2009, S. 20-22, S. 21.

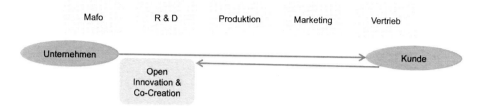

Abb. 9: Innovationsprozess mit Integration der Kunden
Quelle: in Anlehnung an **Langwieser**, C. / **Kirig**, A. (2010): Konsument 2020: Die wichtigsten Konsumtrends im Wandel der Zeit (Hrsg.), Zukunftsinstitut GmbH, Kelkheim, S. 92

Wichtig ist, dass der Trend des Dialogs nicht mit Mass Customization verwechselt wird. Es geht nicht darum Kunden mit unzähligen Produktvarianten zu überhäufen und sie ohne Know-how selbst entscheiden zu lassen. Es geht vielmehr darum ihnen relevante Angebote zu unterbreiten und ihr Feedback wertzuschätzen. Ein Beispiel ist die Musikplattform iTunes von Apple oder auch die Shoppingplattform Amazon. Hier registrieren intelligente Systeme jeden Vorgang der Konsumenten auf den Seiten, so dass mit jeder Aktion das System mehr über den individuellen Konsumenten lernt. Schon beim nächsten Besuch ist das System in der Lage einen zum Geschmack passenden Musikvorschlag zu machen oder über Neuerscheinungen zu informieren.[77]

3.3.3 Gesundheit

Der Trend der Gesundheit wird von einer Reihe von Entwicklungen beeinflusst. Getrieben durch die Individualisierung haben immer mehr Menschen Angst davor, sich im Krankheitsfall auf andere verlassen zu müssen und in finanzielle Not zu gelangen. Verstärkt wird diese Angst durch das marode Gesundheitssystem in Deutschland, das viele dazu treibt sich privat zu versichern.[78]

Ein weiterer Aspekt ist das steigende Wissen über Krankheitsbilder und Faktoren, die die Gesundheit aktiv beeinflussen. Verbraucher treten inzwischen wesentlich selbstbewusster bei Ärzten auf und glauben die empfangene Leistung objektiv beurteilen zu

---

[77] Vgl. **Langwieser**, C./**Kirig**, A. (2010): Konsument 2020: Die wichtigsten Konsumtrends im Wandel der Zeit (Hrsg.), Zukunftsinstitut GmbH, Kelkheim, S. 93.
[78] Vgl. **Trend Büro** (2009): Trend Check 03/2009: Healthstyle, Hamburg, S. 3.

können. Der Trend des Dialogs führt letztlich auch dazu, dass Ärzte, Krankenhäuser und medizinische Anwendungen im Internet bewertet und kommentiert werden. Die Wahl eines Facharztes erfolgt immer öfter über Empfehlungsmarketing im Internet.

Nicht zuletzt wird der Trend durch den demographischen Wandel getrieben. Die Alterung der Gesellschaft führt zu dem Wunsch, die eigene Gesundheit zu erhalten oder zu verbessern.[79] Gesundheit hat durch diese Parameter einen enormen individuellen und gesellschaftlichen Stellenwert erlangt.

Die Idee der ganzheitlichen Gesundheit ist eine Folge des Wissens der Konsumenten, dass sie mit Hilfe von Ernährung, Sport und ihrem allgemeinen Lebensstil selbst Einfluss auf ihr Wohlbefinden nehmen können. Gesundheit ist somit nicht länger die bloße passive Abwehr von Krankheiten, sondern das aktive, selbstbestimmte Vorsorgen.[80] Beispielsweise in der Zahnmedizin wird schon lange Prophylaxe betrieben. Die professionellen Zahnreinigungen werden aus eigener Tasche bezahlt.

In dem Lebensentwurf von morgen spielen die Themen Wohlgefühl, Fitness und Gesundheit von Körper, Geist und Seele eine zentrale Rolle. Diese Faktoren in Einklang zu bekommen, stellt den Ausgleich zum beruflichen Leben dar in einer Ökonomie, in der der Faktor Zeit ein enorm knappes Gut sein wird. Für diesen Wunsch sind die Konsumenten von morgen auch bereit ihr eigenes Geld auszugeben. Die eigenen Gesundheitsleistungen liegen heute schon bei 1 Milliarde Euro.

Abbildung 10 zeigt die Größenordnung, in der die Deutschen bereits heute medizinische Leistungen selbst bezahlen.

---

[79] Vgl. **Schlesinger,** M. (2003): Wissen: Märkte 2020, in: Absatzwirtschaft, Nr. 5, S. 44.
[80] Vgl. **Trend Büro** (2009): Trend Check 03/2009: Healthstyle, Hamburg, S. 18.

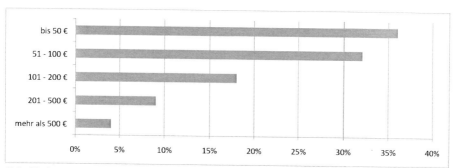

Abb. 10: Ausgaben für medizinische Leistungen
Quelle: in Anlehnung an **Dialego AG** (2007): IgeL Leistungen, Aachen, S. 14

Bereits 57% der Bevölkerung greift regelmäßig zu OTC-Medikamenten, die in der Regel nicht von der Krankenkasse übernommen werden.[81]

Aber nicht nur der medizinische Markt ist von dieser neuen, präventiven Einstellung betroffen. Viele Branchen können von dem Trend profitieren. Gerade auf dem Foodmarkt suchen Konsumenten zunehmend nach Zutaten, denen ein positiv gesundheitlicher Aspekt nachgesagt wird. Wer nicht selbst kocht, ist an funktionalen, fertigen Lebensmitteln interessiert.[82] Eltern machen heute das Thema gesunde Ernährung zu einem Kernbestandteil ihrer Erziehung. Die Konsumenten von morgen werden Nahrung somit wieder ganz anders zu schätzen wissen, während die Eltern der letzten Generation dies für unwichtig hielten.[83]

Auch die Branche der Fitnessstudios boomt. Inzwischen ist das Durchschnittsalter von Anfang 20 auf Ende 30 hochgeschnellt. Immer mehr Ältere wissen um die Bedeutung von Bewegung und nutzen das moderne Sportangebot der Fitnessketten. Mit einem Blick in die Kurspläne finden sich inzwischen auch immer mehr Angebote speziell für ältere Menschen.[84] In Zukunft wird sich der ganze medizinische Sektor stärker mit dem

---

[81] Vgl. **Langwieser**, C. / **Kirig**, A. (2010): Konsument 2020: Die wichtigsten Konsumtrends im Wandel der Zeit (Hrsg.), Zukunftsinstitut GmbH, Kelkheim, S. 102ff.
[82] Vgl. **Spiegel Online** (2010): Ein Drittel der Deutschen klagt über eigenen Gesundheitszustand, http://www.spiegel.de/wissenschaft/medizin/0,1518,718717,00.html, Abruf: 11.04.2011.
[83] Vgl. **Fahlser, A. / Dahlmann, D.** (2011): So is(s)t Deutschland – ein Spiegel der Gesellschaft (Hrsg.) Nestlé Deutschland AG, Frankfurt am Main, S. 7.
[84] Vgl. **Langwieser**, C. / **Kirig**, A. (2010): Konsument 2020: Die wichtigsten Konsumtrends im Wandel der Zeit (Hrsg.), Zukunftsinstitut GmbH, Kelkheim, S. 99.

privaten Tagesrhythmus der Menschen verbinden. Ein großes Wachstum erwartet man beim Thema ferngesteuerter Überwachung.

Doch der Trend Gesundheit hat auch seine Grenzen. Befürchtet wird, dass immer mehr Menschen auf Grund von Leistungsdruck auch ihre geistige Fitness in Eigenverantwortung optimieren wollen. Konzentrationsfördernde Substanzen, die zwar als Doping zählen und damit verboten sind, könnten im Gesundheitswahn der Zukunft Hochkonjunktur haben. Immerhin machen sich heute bereits 70% der Deutschen Sorgen um ihre Gedächtnisleistung.[85]

3.3.4 Mobilität

Mobilität ist nicht nur eine Bezeichnung dafür, eine Strecke von A nach B zurückzulegen. Mobilität ist vielmehr ein Statussymbol in den modernen Lebensstilen geworden.

Soziale Mobilität hat dazu geführt, dass die Scheidungsrate immer höher wird, sich Menschen für mehrere Lebenspartner entscheiden und lose Beziehungen eingehen. Mentale Mobilität verheißt die Welt kennenzulernen, fremde Kulturen zu erfahren, Länder zu bereisen und sich inspirieren zu lassen. Es geht nicht mehr darum einen Beruf im Leben zu erlernen, sondern sein Leben lang zu lernen. Die Mobilität macht aus dem Menschen einen Kosmopoliten, einen jungen, modernen, weltoffenen, dynamischen Menschen, dessen Lebensaufgabe darin besteht, so viele Erfahrungen wie möglich zu sammeln.[86]

Der Trend zu mehr Mobilität wurde angefacht durch die Erschwinglichkeit von Autos, Zugtickets und durch Billigflieger. Die Kehrseite der Medaille ist, dass viele Menschen gar nicht selbst über den persönlichen Grad der Mobilität bestimmen. Die Möglichkeit, mobil zu sein, zwingt viele auch dazu. Sich fremdbestimmt zu fühlen, gestresst zu sein, immer in Bewegung zu sein, ist die Konsequenz.

---

[85] Vgl. **Strüber**, M. (2008): im Interview mit: **Jánszky**, G., „Jeder sollte mit Pillen seine Intelligenz steigern dürfen", http://www.sueddeutsche.de/karriere/2.220/gehirn-doping-jeder-sollte-mit-pillen-seine-intelligenz-steigern-duerfen-1.180502, Abruf: 11.04.2011.

[86] Vgl. **Nowak**, H. (2003): World Mobility Research Homo Mobilis, World Mobility Forum, Stuttgart, S. 4ff.

Abbildung 11 zeigt, dass sich weltweit in Städten im Durchschnitt fast die Hälfte aller Menschen wünscht ihr Leben zu verlangsamen.

Abb. 11: Weltweit wünschen sich Menschen Entschleunigung
Quelle: in Anlehnung an **Nowak,** H. (2003): World Mobility Research Homo Mobilis, World Mobility Forum, Stuttgart, S. 16

Möglicherweise könnte dies auch in Zukunft passieren, denn Mobilität wird in der Zukunft wieder ein Luxus sein, wie sie es einst bei der Einführung des Autos schon war. Denn solange die Mobilität zu 100% von der Verfügbarkeit und dem Preis von Erdöl abhängt, sind die Menschen auch daran gebunden, dass Erdöl eine begrenzte Ressource ist und irgendwann aufgebraucht sein wird. Dann wird es nicht mehr selbstverständlich sein überall hinreisen zu können. Reisen wird ein Luxus sein sowohl im Privaten als auch im Beruflichen.[87]

Wie die Kosten für ein Auto alleine von 2007 bis 2008 gestiegen sind, zeigt Abbildung 12.

---

[87] Vgl. **Hasselbring,** W. (2010): Der Trend heißt Busfahren, http://www.stern.de/auto/service/mobili taet-der-zukunft-der-trend-heisst-busfahren-1581570.html, Abruf: 13.04.2011.

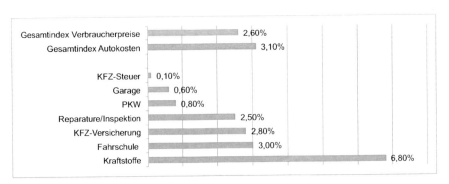

Abb. 12: Autokostenindex 2008 zum Vorjahr in Prozent
Quelle: in Anlehnung an **Focus Medialine** (2009): Der Markt der Mobilität: Daten, Fakten, Trends, München, S. 1.

Als Alternative wird aktuell das Elektroauto gehandelt, doch eine Reihe von Herausforderungen hindert diese Entwicklung daran tatsächlich marktreif zu werden. Gerade die USA, Frankreich, China, Spanien und Deutschland sind daran interessiert Vorreiter dieser Technologie zu werden. Technisch sind alle Länder auf dem gleichen Level, aber umweltpolitisch hat Frankreich ganz klare Vorteile. Mit Hilfe der Atomenergie ist Frankreich in der Lage, eine Kilowattstunde Strom herzustellen und dafür nur ein Drittel der CO_2-Emissionen aufzuwenden, die in Deutschland dafür benötigt werden.

Bei all den aktuellen Diskussionen um den Ausstieg aus der Atomenergie in Deutschland wären die Deutschen indes kaum in der Lage, Elektroautos für die breite Masse bereitzustellen. Weitere Schwierigkeiten im Zusammenhang mit Elektroautos werden bei der Sicherheit der Lithium-Batterien vermutet, der Infrastruktur der Stromanbieter, der Verarbeitung der Autos mit Hilfe von leichteren Baustoffen und der politischen Situation rund um das Thema Wegfall der Mineralölsteuer, die jährlich 40 Millionen Euro in die Kassen spült.[88]

In der Bevölkerung wird das Thema moderne Mobilität hingegen weitaus positiver gesehen. Gerade für junge Menschen stellt der Besitz eines Autos kein großes Verlangen mehr dar, nicht zuletzt auch aus Rücksicht auf die Umwelt. Andere Generationen hingegen kommen ohne Auto schlechter aus. Die zunehmende Zahl an Alleiner-

---

[88] Vgl. **Hasselbring**, W. (2010): Der Trend heißt Busfahren, http://www.stern.de/auto/service/mobili taet-der-zukunft-der-trend-heisst-busfahren-1581570.html, Abruf: 13.04.2011.

ziehenden, berufstätigen Frauen und Müttern und Singlehaushalten ist auf die Flexibilität und die Zeitersparnis durch ein Auto angewiesen.[89]

In dem Zusammenhang haben sich die Modelle der Mitfahrgelegenheit und des Car-Sharings ergeben. Durch diese Modelle ist es auch in Zukunft möglich die Vorteile der Mobilität zu erhalten, ohne dabei die Last der steigenden Energiekosten tragen zu müssen.[90]

Gerade durch die Zunahme der Smartphones mit mobilem Internetzugang sind die Überprüfung der Verfügbarkeit von Pool-Autos und das Buchen kurzfristig möglich geworden. Abbildung 13 zeigt die steigende Nachfrage und Verfügbarkeit von Car-Sharing-Angeboten.

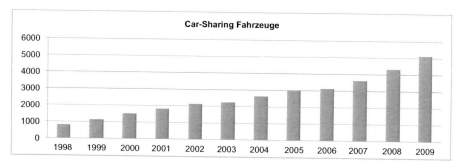

Abb. 13: Entwicklung des Marktes für Car-Sharing
Quelle: in Anlehnung an **Focus Medialine** (2009): Der Markt der Mobilität: Daten, Fakten, Trends, München, S. 38

Ein neues Angebot namens flinc beispielsweise bietet die Vermittlung von Mitfahrgelegenheiten in Echtzeit an. Über ein App auf dem Smartphone oder den Internetbrowser wird die Vermittlung über ein paar Eingaben automatisch vollzogen, zudem können Fahrer aus dem eigenen Social Network durch eine Verknüpfung gefunden werden.[91] Wer lieber unabhängig ist und alleine fährt, kann in einigen Pilotprojekten, wie zum

---

[89] Vgl. **Lenz**, B. (2011): Mobilität im Umbruch: Entwicklungen, Trends, Prognosen, 5. ÖPNV Innovationskongress, Freiburg, S. 20ff.
[90] Vgl. **Bachmann**, R. (2011): Mobilität 2.0 – Trend oder Sackgasse, http://baetschman. Ralfbachmann.de/2011/01/mobilitat-2-0---trend-oder-sackgasse/, Abruf: 13.04.2011.
[91] Vgl. **flinc AG** (2011): Homepage, http://www.flinc.org/de/, Abruf: 13.04.2011.

Beispiel car2go, modernes Car-Sharing betreiben. In deutschen Großstädten steht eine Flotte von 300 Smart fortwo zur Verfügung, die über das Internet bequem gebucht werden können. Bezahlt wird nach gemieteter Zeit und nach zurückgelegten Kilometern.[92] Und wer sein eigenes Auto viel zu selten nutzt, bietet dies unter dem Service Tamyca an. Hier kann man sein Auto verleihen, wenn man es selbst nicht braucht, und so Geld sparen.[93]

Ob sich diese Modelle allerdings langfristig etablieren werden und auch für die Masse tauglich sind, entscheiden der Nutzen und die Not. Abfahrzeiten, verfügbare Autos und die Entfernung der Stationen werden darüber bestimmen, ob sich Konsumenten gegen ein eigenes Auto aussprechen. Flexibilität und Bequemlichkeit fallen aktuell noch stärker ins Gewicht.

Aber auch zu anderen Bereichen der Mobilität gilt es in Zukunft Antworten zu finden. Die Technologie rund um GPS wird sich weiterentwickeln, ortsunabhängiges Zusammenarbeiten wird einfacher werden, Lösungen zur Ermittlung von Verkehrsströmen oder Vorhersagen von Produktionsabläufen in Echtzeit werden entwickelt und mobile Systeme zur Aufbereitung von Trink- und Brauchwasser eingeführt.[94] Von den Trends der Mobilität wird vor allem die IT-Branche profitieren. 2010 konnte bereits ein Umsatzplus von 4% erwirtschaftet werden, dank zunehmender Nachfrage nach mobiler Elektronik wie mobilen Devices, E-Readern, elektronischen Wörterbüchern, Tablet-PCs und Smartphones.[95]

Der Trend der Mobilität bietet für viele Finanzbereiche eine Chance, denn hier kommt es auf echte Innovationen an. Am stärksten wird der Trend die Menschen betreffen, ob sie wollen oder nicht. Irgendwann wird sich klassische Mobilität, wie man sie kennt, nicht mehr rechnen können. Dann werden Konsumenten zu Multimodalisten. Das heißt, dass sie je nach Situation das Fortbewegungsmittel bestimmen, das am effizien-

---

[92] Vgl. **car2go Hamburg GmbH** (2011): Homepage, http://www.car2go.com/hamburg/de/, Abruf: 13.04.2011.
[93] Vgl. **Tamyca GmbH** (2011): Homepage, http://www.tamyca.de/, Abruf: 13.04.2011.
[94] Vgl. **Forum Kiedrich** (2010): Forum Kiedrich hält 27. Gründermarkt ab, http://www.forum- kiedrich.de/news/2010/megatrend-mobilitaet/, Abruf: 13.04.2011.
[95] Vgl. **Aunkofer**, R. (2011): Trend zur Mobilität und Heimvernetzung, http://www.gfk.com/group/press_information/press_releases/006450/index.de.html, Abruf: 13.04.2011.

testen ist – ob öffentliche Verkehrsmittel, Fahrrad, Mitfahrgelegenheit oder sogar zu Fuß. Schon heute rechnen sich 45% der Bundesbürger zu dieser Gruppe.[96]

3.3.5 Nachhaltigkeit

Der Trend der Nachhaltigkeit ist aus der Not heraus entstanden und zur globalen Herausforderung für die Politik, Unternehmen und Konsumenten geworden.[97]

In der Evolution des Menschen waren Stillstand und Fortschritt schon immer abhängig davon, wie Menschen sich ihre Umwelt zu Nutze gemacht haben. Bis zum Anfang des 21. Jahrhunderts haben Menschen in Wachstum und sogar Überfluss gelebt. Dass dieser Umgang mit der Umwelt an Grenzen stößt, hat die Wirtschaft so lange ausgeblendet, dass es fast so scheint, als seien die Schäden irreparabel. Knappheit von Nahrung, Wasser und Ressourcen führt dazu, dass Menschen immer mehr Angst vor der Zukunft haben und in Resignation und Frust verfallen. Ganze Volkswirtschaften drohen durch die Art und Weise des Wirtschaftens zu kollabieren, wie die aktuellen Fälle aus Griechenland und Portugal zeigen.

Doch in den letzten Jahren ist ein Umdenken zu spüren. Eine Neuordnung der bisherigen Paradigmen ist bereits im vollen Gang. Die Menschen besinnen sich auf Natürlichkeit zurück, werden selbstbewusste Konsumenten, die nachhaltige Produkte bei den Unternehmen einfordern, die Forschung arbeitet mit Hochdruck an technischen Alternativen mit erneuerbaren Energien.[98]

Für viele Verbraucher in Deutschland ist der Begriff der Nachhaltigkeit allerdings noch nicht richtig greifbar. In einer Studie kam heraus, dass nur zwei Drittel der Befragten überhaupt den Begriff der Nachhaltigkeit schon einmal gehört haben und davon auch nur die Hälfte den Begriff erklären kann.[99] Im Nachhaltigkeitskonzept von 1987 wurde

---

[96] Vgl. **Lenz**, B. (2011): Mobilität im Umbruch: Entwicklungen, Trends, Prognosen, 5. ÖPNV Innovationskongress, Freiburg, S. 32.
[97] Vgl. **GFK Gruppe** (2008): Klimafreundlicher Konsum: Herausforderung und Chance für Hersteller, Handel und Verbraucher, http://www.gfk-verein.de/index.php?article_id=95&clang=0, Abruf: 12.04.2011.
[98] Vgl. **Mahn**, J. / **Riemann**, H. (2011): Zurück in die Zukunft, in: Froh Magazin, Nr. 4, Berlin, S. 92ff.
[99] Vgl. **Fahlser, A. / Dahlmann, D.** (2011): So is(s)t Deutschland – ein Spiegel der Gesellschaft (Hrsg.), Nestlé Deutschland AG, Frankfurt am Main, S. 4f.

der Begriff darunter zusammengefasst, dass gegenwärtige Generationen ihre Bedürfnisse in dem Ausmaß zu befriedigen haben, dass zukünftige Generationen ebenfalls die Chance haben, ihre Bedürfnisse zu stillen. Heute umfasst der Begriff die Aspekte der Umwelt, Wirtschaft und Sozialwissenschaft. Gerade die sozialen Aspekte werden erst seit einigen Jahren unter dem Dach der Nachhaltigkeit diskutiert – unter anderem betrifft dies gerechte Löhne, Chancengleichheit, den Verzicht auf Kinder- und Zwangsarbeit und den Tierschutz.[100]

Im Weltklimarat war Deutschland einst Vorreiter bei der Festlegung nachhaltiger Ziele. Bei der Umsetzung scheitern Deutschland sowie andere Länder zunehmend auf Grund fehlender Visionen, unübersichtlicher Informationen für Verbraucher und Unternehmen und der Beschleunigung des demographischen Wandels in Europa, der zunehmend auch finanzielle Hürden mit sich bringt.[101] Der Weltklimarat hat eine Verringerung der Treibhausgasemissionen um 25% bis 40% bis 2020 angeordnet.[102] Die Realität sieht allerdings ganz anders aus. Die möglichen Szenarien im Zusammenhang mit dem Klimawandel können folgendermaßen eingeschätzt werden:

- Bis 2030 wird der weltweite Energiebedarf um 45% steigen, nicht zuletzt durch die BRIC-Staaten, die im Übergang vom Schwellenland zur Industrienation sind.
- Momentan werden noch 87% der Energie durch die Verbrennung endlicher Ressourcen gewonnen. Die Branche rund um grüne Energiegewinnung aus Wind, Wasser und Sonne kann aber mit praktikablen Innovationen einen Boom erleben.
- Die Biotechnologie wird die Leitwissenschaft der Zukunft sein, denn hier verschmelzen Natur und Technik. Der Umsatz von deutschen Biotechnologieunternehmen ist im letzten Jahrzehnt von 383 Millionen Euro auf 1.068 Millionen Euro gestiegen. Medizin, Botanik und chemische Industrie sind die wachstumsstärksten Segmente, die neue Produkte generieren werden.

---

[100] Vgl. **Ranalli**, S. / **Reitbauer**, S. / **Ziegler**, D. (2009): Trend Report Grün, München, S. 7.
[101] Vgl. **Stigson**, B. (2009): Peer Review der deutschen Nachhaltigkeitspolitik, Berlin, S. 56ff.
[102] Vgl. **GFK Gruppe** (2008): Klimafreundlicher Konsum: Herausforderung und Chance für Hersteller, Handel und Verbraucher, http://www.gfk-verein.de/index.php?article_id=95&clang=0, Abruf: 12.04.2011.

- Es drohen Konflikte zwischen Staaten, die im Besitz von Rohstoffen sind. 2030 werden 4 Milliarden Menschen in Regionen mit Wasserknappheit leben. Entwicklungsländer fragen stetig mehr Metalle nach.
- Mit einem Wirtschaftswachstum von jährlich 8% wird China zur zweitgrößten Wirtschaftsmacht nach den USA aufsteigen – ein Grund dafür, weshalb sich Unternehmen im asiatischen Raum mit Auslandsniederlassungen angesiedelt haben. Im letzten Jahrzehnt war das ein Anstieg von 269%. Die Globalisierung wird anhalten.
- Der Klimawandel wird beschleunigt. Bis 2030 rechnet man mit einem Anstieg der CO_2-Emissionen um 25% bis 90% je nach Marschroute der globalen Umweltpolitik. Auch die Erderwärmung, die Versiegelung von Agrarflächen und der Anstieg des Meeresspiegels setzen sich fort.[103]

Der Kurs der deutschen Politik und Wirtschaft muss mit Rücksicht auf die erwarteten Entwicklungen wesentlich radikaler und konsequenter werden, um Nachhaltigkeit in allen Bereichen zu integrieren.[104] Aber auch die privaten Haushalte sind gefragt. Ein Viertel der jährlichen Emissionen wird durch den privaten Konsum verursacht.[105] Bei den deutschen Verbrauchern ist der Trend des nachhaltigen Konsums längst angekommen. Materielle Sicherheit und Nützlichkeit von Waren und Dienstleistungen bestimmen nicht mehr den Kaufentscheidungsprozess. Konsumenten wollen auch den moralischen Wert der Produkte erwerben. Aber neben dem Motiv der Weltverbesserung darf die Selbstverwöhnung nicht zu kurz kommen. Darüber hinaus spielen auch der demonstrative Konsumgedanke, Angst vor Krankheiten oder schlechtes Gewissen eine Rolle.[106] Gerade die Angst, unter anderem vor ausschließlich industriell gefertig-

---

[103] Vgl. **Mahn**, J. / **Riemann**, H. (2011): Zurück in die Zukunft, in: Froh Magazin, Nr. 4, Berlin, S. 92ff.
[104] Vgl. **Stigson**, B. (2009): Peer Review der deutschen Nachhaltigkeitspolitik , Berlin, S. 80.
[105] Vgl. **GFK Gruppe** (2008): Klimafreundlicher Konsum: Herausforderung und Chance für Hersteller, Handel und Verbraucher, http://www.gfk-verein.de/index.php?article_id=95&clang=0, Abruf: 12.04.2011.
[106] Vgl. **Nickel**, V. (2007): Konsumtrend – Die Moralisierung der Märkte, http://www.zaw.de/print.php?reporeid_print=263, Abruf: 12.04.2011.

ten Produkten und genmanipulierter Nahrung, treibt die Branchen rund um Kosmetik und Biolebensmittel an.[107]

Der Umsatz mit Biolebensmitteln in Deutschland hat sich seit 2000 von 2,1 Milliarden Euro auf 5 Milliarden Euro mehr als verdoppelt.[108] Auch wenn der Anspruch an verantwortungsvolles Wirtschaften da ist, die Bereitschaft, dafür mehr auszugeben, ist kaum gegeben.[109]

Für Unternehmen heißt es ganz klar den Kompromiss zu erkennen, dass der nachhaltige Konsument tiefer in die Tasche greift, dafür aber nicht verzichten möchte. Nachhaltiger, moderner Konsum ist vielschichtig. Qualität, eine umweltschonende Produktion, nachhaltige Rohstoffe, faire Arbeitsbedingungen werden in Zukunft selbstverständliche Attribute sein, die der Konsument von jedem Unternehmen erwartet, das er durch seinen Konsum unterstützt. Darüber hinaus muss das Produkt dem persönlichen Geschmack entsprechen, gut aussehen und praktisch sein. Gute Beispiele finden sich sowohl in der Lebensmittelindustrie, auch wenn der Absatz aktuell noch nicht mit den Massenprodukten mithalten kann und sich somit für Großkonzerne noch nicht rechnet, als auch in der Kosmetik.[110] Das Unternehmen Body Shop, der Seifenproduzent Lush und das Naturkosmetikunternehmen Yves Rocher zeigen, dass man als Unternehmen diesen Spagat zwischen Nachhaltigkeit, Design und Qualität schaffen kann. Abbildung 14 zeigt nachhaltige Kommunikation der erwähnten Kosmetikproduzenten.

---

[107] Vgl. **Villani, O.** (2007): Klimawandel verändert Konsumverhalten, http://www.sdi-research.at/aktuell/hintergrund/studie-klimawandel-veraendert-konsumverhalten-sdi-research.html, Abruf: 12.04.2011.
[108] Vgl. **Fahlser, A. / Dahlmann, D.** (2011): So is(s)t Deutschland – ein Spiegel der Gesellschaft (Hrsg.), Nestlé Deutschland AG, Frankfurt am Main, S. 4.
[109] Vgl. **GFK Gruppe** (2008): Klimafreundlicher Konsum: Herausforderung und Chance für Hersteller, Handel und Verbraucher, http://www.gfkverein.de/index.php?article_id=95&clang=0, Abruf: 12.04.2011.
[110] Vgl. **Rat für Nachhaltige Entwicklung** (2008): Momentaufnahme Nachhaltigkeit und Gesellschaft, Berlin, S. 24ff.

Abb. 14: Nachhaltigkeitskampagnen der Kosmetikhersteller

Quelle: in Anlehnung an **Yves Rocher GmbH** (2011): Screenshot der Homepage, http://www.yves-rocher.de/control/main, Abruf: 12.04.2011; **Lush GmbH** (2011): Screenshot der Homepage, http://www.lush-shop.de/, Abruf: 12.04.2011; **The Body Shop Germany GmbH** (2011): Screenshot der Homepage, http://www.thebodyshop.de/legal-advices/impressum.aspx, Abruf: 12.04.2011

Diese Kombination schafft die besten Voraussetzungen dafür, als Gewinner aus dem Prozess der Nachhaltigkeit hervorzugehen. Ziel ist es, den Konsumenten von morgen die Berücksichtigung von Nachhaltigkeitsaspekten so einfach wie möglich zu machen. Es darf nicht die Aufgabe der Verbraucher sein, Produkte auf eine nachhaltige Wertschöpfungskette hin überprüfen zu müssen. Möglicherweise kann sich auch ein Siegel wie das altbewährte „Made in Germany" durchsetzen, das dann „Sustainability made by ..." heißt. Die meisten Unternehmen haben die Bedeutung dieses Trends bereits erkannt. Wie eine Umfrage unter weltweiten Topmanagern zeigt, glauben 93% der Befragten, dass Nachhaltigkeit das Kerngeschäft von morgen bestimmt. Was diese Entwicklung antreiben muss, sind ein noch größeres Konsumenteninteresse an nachhaltigen Produkten, die Schulung des Personals auf den Umgang mit der Thematik, verbessertes Verständnis bei Investoren für den Wert von Nachhaltigkeit, die Messung der Leistung von Nachhaltigkeit, eindeutige gesetzliche Vorgaben und gleiche Wettbewerbsbedingungen.[111]

Bemühungen sind da, wie einige deutsche Unternehmen zeigen, die in erster Linie nicht unbedingt mit Nachhaltigkeit in Verbindung zu bringen sind. „Die Post geht Grün", heißt es in der TV-Werbung, Bio gibt es beim gut sortierten Discounter zu kaufen, BMW steckt Milliarden in die Entwicklung von energieeffizienten Autos und McDonald's stellt das gelbe M des Logos nun auf einen grünen Hintergrund. Von Unternehmen wird in Zukunft allerdings echtes Engagement erwartet, das nicht nur dem eige-

---

[111] Vgl. **Lück**, A. (2010): CEOs: In zehn Jahren gehört Nachhaltigkeit zum Kerngeschäft, http://www.accenture.com/at-de/company/newsroom-austria/Pages/news-nachhaltigkeit.aspx, Abruf: 12.04.2011.

nen Image etwas bringt, sondern zur Umweltbilanz beiträgt. Nachhaltigkeit muss als Strategie und Vision in der Unternehmensphilosophie verankert sein. Nur so kann sich ein Unternehmen zukünftig glaubwürdig machen und das Vertrauen der Konsumenten gewinnen. Denn diese wollen das Gefühl haben, durch die Wahl ihres Konsums die richtige Entscheidung getroffen zu haben.[112]

3.4 Foodtrends

Wie die Konsumtrends der Zukunft im vorangegangenen Kapitel zeigen, verändert sich die Bedeutung von Zeit, Arbeit, Gesundheit, zwischenmenschlichem Beziehungen und damit auch die Relevanz der Ernährung in Abhängigkeit von den ökonomischen, sozialen und politischen Rahmenbedingungen und den technologischen Möglichkeiten.[113]

In den folgenden Kapiteln wird auf eine Auswahl an Foodtrends der Zukunft näher eingegangen. Dabei werden bewusst Beispiele herangezogen, die noch in den Starlöchern stehen. Sie sollen inspirieren, um zu einem zukunftsweisenden und innovativen Ausblick auf den Foodmarkt von morgen zu führen.

3.4.1 Functional

Die Ausführungen zum Konsumtrend der Gesundheit im vorangegangenen Kapitel haben bereits gezeigt, dass die Gesellschaft im Übergang vom Krankheitsmarkt in einen Gesundheitsmarkt ist. Das bedeutet, dass es ein steigendes Bedürfnis nach Medikamenten für Gesunde gibt. Prävention ist das neue Ziel, denn im Gesundheitsmarkt von morgen hat bereits derjenige versagt, der überhaupt noch krank wird. Durch das zunehmende Verständnis, dass Körper und Seele miteinander zusammenhängen, bekommt die Ernährung der nächsten Generationen einen ganz anderen Stellenwert,

---

[112] Vgl. **Ranalli**, S. / **Reitbauer**, S. / **Ziegler**, D. (2009): Trend Report Grün, München, S. 26.
[113] Vgl. **Sigrist**, S. (2005): Food Fictions: Radikale Food Trends, in: GDI Study Nr. 22 (Hrsg.), Gottlieb Duttweiler Institute, Rüschlikon/Zürich, S. 8.

wodurch die Branchen Pharma, Kosmetik und Food stärker zusammenwachsen werden.[114]

Functional Food ist ein neuer, sich stark entwickelnder Bereich, der Lebensmittel mit Zusatznutzen entwirft. Dabei geht es um die künstliche Entfernung von Bestandteilen, die Erhöhung von Konzentrationen bestimmter Bestandteile, den Zusatz oder die Substitution von Substanzen oder um die Verbesserung der Verfügbarkeit von enthaltenen Stoffen.[115] Im Fokus steht immer die Optimierung der Lebensmittel zu Gunsten des Wohlbefindens der Verbraucher.

Dabei gibt es neben dem reinen Functional Food, das mit Hilfe der Wissenschaft Bestandteile künstlich verändert, noch den Bereich der Super Foods. Hier werden global Lebensmittel plötzlich modern und bekannt, weil man ihnen einen besonders hohen, natürlichen Gehalt an gesundheitsfördernden Inhaltsstoffen nachsagt.[116] In dem Zusammenhang gab es in den letzten Jahren eine Revolution auf dem internationalen Obstmarkt. Acerola, Noni, Goji, Acai sind Namen von neuen Früchten, denen man besonders gesundheitsfördernde Inhaltsstoffe zuspricht und die gerade im boomenden Smoothie-Geschäft als Aufhänger dienten. Abbildung 15 zeigt neuartige Super Foods, die auf Grund ihres natürlichen Zusatznutzens bereits heute auf dem Markt akzeptiert werden.

Abb. 15: Boomender Saftmarkt mit den neuen Super Fruits
Quelle: in Anlehnung an **Froosh** (2011): Screenshot der Homepage, http://www.froosh.com/, Abruf: 18.04.2011; **MYGO** (2011): Screenshot der Homepage, http://www.mygo-superfruits.com/, Abruf: 18.04.2011; **Bossa Nova** (2011): Screenshot der Homepage, http://www.bossanovasuperfruits.com/, Abruf: 18.04.2011

---

[114] Vgl. **Sigrist**, S. (2005): Food Fictions: Radikale Food Trends, in: GDI Study Nr. 22 (Hrsg.), Gottlieb Duttweiler Institute, Rüschlikon/Zürich, S. 108f.
[115] Vgl. **Sigrist**, S. (2004): The New Eating Normalcy: Wie wir morgen essen, Nr. 16 (Hrsg.), Gottlieb Duttweiler Institute, Rüschlikon/Zürich, S. 22.
[116] Vgl. **Rützler**, H. / **Kirig**, A. (2010): Food Styles: Die wichtigsten Thesen, Trends und Typologien für die Genuss-Märkte (Hrsg.), Zukunftsinstitut GmbH, Kelkheim, S. 86.

Des Weiteren umfasst der Begriff die Kategorie des Spiritual Food. Es gibt einen allgemeinen gesellschaftlichen Konsens darüber, dass Essen nicht nur die reine Nahrungsaufnahme umfasst, sondern auch den Hunger nach Sinn stillt. Zwischen Essen und der Psyche gibt es zahlreiche Wechselwirkungen. Spiritual Food soll die Sinne ansprechen und dank einer Zusammenstellung von besonderen sich auf die Stimmung auswirkenden Lebensmitteln die Kundschaft geistig optimieren.[117]

Besonders in der internationalen Restaurantszene hat sich dieses Konzept etabliert. So kann man im Restaurant „Van Gogh is Bipolar" auf den Philippinen je nach Gemütsverfassung aus Gerichten auswählen, die dank ihres erhöhten Serotonin- oder Dopaminanteils Glückshormone ausstoßen und die Gäste ganz besonders gut gelaunt machen.[118] Im Londoner Restaurant „Food Secret" kann man darüber hinaus sogar sein Gericht nach seinen ganz persönlichen Diät- und Ernährungswünschen zusammenstellen lassen.[119]

Ein noch völlig unausgereiftes, aber spannendes Feld unter den funktionalen Lebensmitteln aus dem Labor ist der Bereich um das Customized Food. In naher Zukunft könnte es individualisierte, auf die persönlichen Gesundheitsbedürfnisse maßgeschneiderte Lebensmittel aus dem Labor geben.[120] Alternativ erkennt die „The Future Laboratory"-Küche von IKEA durch High-Tech-Sensoren die Bedürfnisse ihres Besitzers und kann ihn so von selbst gesund und nachhaltig ernähren,[121] wie Abbildung 16 zeigt.

---

[117] Vgl. **Rützler**, H. / **Kirig**, A. (2010): Food Styles: Die wichtigsten Thesen, Trends und Typologien für die Genuss-Märkte (Hrsg.), Zukunftsinstitut GmbH, Kelkheim, S. 84.
[118] Vgl. **Alejandro**, R. (2009): Filipinos can eat themselves happy at Van Gogh is Bipolar, http://www.springwise.com/food_beverage/vangoghisbipolar/, Abruf: 18.04.2011.
[119] Vgl. **Food Secret** (2011): Food Secret Nutrition, Healthy eating matters, http://foodsecret.com/nutrition/, Abruf: 18.04.2011.
[120] Vgl. **Rützler**, H. / **Kirig**, A. (2010): Food Styles: Die wichtigsten Thesen, Trends und Typologien für die Genuss-Märkte (Hrsg.), Zukunftsinstitut GmbH, Kelkheim, S. 86.
[121] Vgl. **Studstill**, K. (2010): IKEA's Kitchen Of The Future: Design Challenges For Intelligent Homes, http://www.psfk.com/2010/08/ikeas-kitchen-of-the-future-design-challenges-for-intelligent-homes.html , Abruf: 18.04.2011.

Abb. 16: Die Küche der Zukunft von IKEA

Quelle: in Anlehnung an **IKEA** (2011): IKEA explores the role of the future kitchen, http://www.ikea.com/ms/en_GB/about_ikea/press/PR_FILES/the_future_kitchen.html, Abruf: 18.04.2011

Die Nahrungsmittelindustrie steht somit vor der Herausforderung, neue, intelligente Lebensmittel zu entwerfen, die dafür sorgen, dass sich der Konsument von morgen rundum wohlfühlt. Die Produkte sollen sein Wohlbefinden steigern, Krankheiten vorbeugen sowie gesund, leistungsfähig und glücklich machen. Wenngleich die zukünftigen Lebensmittel den steigenden Gesundheitsansprüchen entsprechen sollen, dürfen Kernaspekte wie Preis, Qualität und Genuss nicht außer Acht gelassen werden.[122] Dafür unterhalten die Nahrungsmittelkonzerne schon heute große Forschungs- und Entwicklungslabors, um die Wirkweisen von Lebensmitteln zu verstehen und belegen zu können.[123]

Und das könnte sich lohnen. Die Art und Weise, wie man sich ernährt, wird heute für einige der größten Volkskrankheiten wie beispielsweise Übergewicht verantwortlich gemacht.[124] Das Bundesministerium für Gesundheit beziffert die Kosten, die jährlich durch falsche Ernährung im Gesundheitswesen entstehen, mit 51 Milliarden Euro. Wer also die vom Gesundheitsministerium empfohlene Nährstoffzufuhr garantieren kann, kann von dem geldschweren Markt möglicherweise profitieren.[125]

Doch ein entscheidendes Problem hat der Markt zurzeit noch. Essen mit Mehrwert ist nichts Neues. Kaffee macht wach, Honig wirkt antibakteriell und Orangen sind gut bei

---

[122] Vgl. **Sigrist**, S. (2005): Food Fictions: Radikale Food Trends, in: GDI Study Nr. 22 (Hrsg.), Gottlieb Duttweiler Institute, Rüschlikon/Zürich, S. 108f.
[123] Vgl. **Rützler**, H. / **Kirig**, A. (2010): Food Styles: Die wichtigsten Thesen, Trends und Typologien für die Genuss-Märkte (Hrsg.), Zukunftsinstitut GmbH, Kelkheim, S. 83.
[124] Vgl. **Sigrist**, S. (2005): Food Fictions: Radikale Food Trends, in: GDI Study Nr. 22 (Hrsg.), Gottlieb Duttweiler Institute, Rüschlikon/Zürich, S. 110.
[125] Vgl. **Bratschi**, T. / **Feldmann**, L. (2005): Stomach Competence: Wachsen in gesättigten Food-Märkten (Hrsg.), Lebensmittel Zeitung, 2. Auflage, Frankfurt am Main, S. 160f.

Erkältung. Sobald Bestandteile aber künstlich im Labor erzeugt oder verändert werden, sind die Konsumenten noch skeptisch und kritisch. Zumal probiotische Joghurts und cholesterinsenkende Margarine ihren Nutzen noch nicht ausreichend fundiert belegen können. Mit jeder Innovation und wissenschaftlichen Erkenntnis kommen auch neue Fragen auf, die den Konsumenten verunsichern und überfordern. Wichtig ist, dass auch Functional Food weiterhin genussvolles Essen bleibt und nicht zur medizinischen Behandlung wird. Dann hat dieser Trend eine echte Chance. Eine Umfrage hat ergeben, dass die Mehrzahl aller befragten Europäer grundsätzlich positiv gegenüber Lebensmitteln mit Zusatznutzen eingestellt sind.[126]

3.4.2 Convenience

Der Trend zu Convenience Food, den verzehrfertigen oder vorgefertigten Lebensmitteln, scheint einer der großen Megatrends der Zukunft zu werden. Bedingt ist dies durch zwei Treiber: Zum einen wird die Welt immer komplexer und zum anderen nimmt der Druck zu sowohl Berufs- als auch Privatleben immer flexibler einteilen zu müssen.[127] Feste Tageszeiten, zu denen die Familie zum Essen zusammenkommt, sind inzwischen ein Relikt aus der Vergangenheit. In der Realität stehen sinkende Haushaltsgrößen, berufstätige Mütter, sich selbst versorgende Kinder und ein Alltag außerhalb der eigenen vier Wände dem entgegen.[128] Das Potenzial, die Zeit für die eigene Ernährung noch weiter zu rationalisieren, ist da.

In einer Studie gaben 85% der Befragten an Fertigprodukte zu essen, weil sie keine Zeit zum Kochen haben. Experten rechnen damit, dass sich der Trend rund um Convenience in Deutschland vollständig etablieren wird.[129] Länder wie Großbritannien,

---

[126] Vgl. **Rützler**, H. / **Kirig**, A. (2010): Food Styles: Die wichtigsten Thesen, Trends und Typologien für die Genuss-Märkte (Hrsg.), Zukunftsinstitut GmbH, Kelkheim, S. 84f.
[127] Vgl. **Sigrist**, S. (2005): Food Fictions: Radikale Food Trends, in: GDI Study Nr. 22 (Hrsg.), Gottlieb Duttweiler Institute, Rüschlikon/Zürich, S. 74.
[128] Vgl. **Bratschi**, T. / **Feldmann**, L. (2005): Stomach Competence: Wachsen in gesättigten Food-Märkten (Hrsg.), Lebensmittel Zeitung, 2. Auflage, Frankfurt am Main, S. 83ff.
[129] Vgl. **Rützler**, H. / **Kirig**, A. (2010): Food Styles: Die wichtigsten Thesen, Trends und Typologien für die Genuss-Märkte (Hrsg.), Zukunftsinstitut GmbH, Kelkheim, S. 25.

die USA und das deutschsprachige Europa greifen schon völlig selbstverständlich zu den fertigen Gerichten.[130]

Was in diesem Segment mit fertigen Pastagerichten und Hausmannskost angefangen hat,[131] muss sich aber in den nächsten Jahren noch deutlich entwickeln. Der Konsumtrend Gesundheit wird Konsumenten nach fertigen, schnellen und bequemen Convenience-Angeboten suchen lassen, die gleichzeitig aber auch frisch und natürlich sind. Neue Verpackungsformen werden dies ermöglichen können. Zudem wird Convenience möglicherweise zur Standardversorgung des Alltags mutieren. Und diese kann gerne auch etwas aufwendiger, edler und dafür auch teurer sein, wenn etwas geboten wird, wie die Beispiele in Abbildung 17 zeigen.[132]

Abb. 17: Internationale Beispiele für Premium-Convenience-Food
Quelle: in Anlehnung an **Grenn shoot** (2011): Screenshot des Webauftritts, http://www.greenshoot.fr/, Abruf: 19.04.2011; **Up Box** (2011): Screenshot des Webauftritts, http://www.up-box.co.uk/menus.html, Abruf: 19.04.2011; **Packaging of the world** (2011): Screenshot vom Delishop des Webauftritts, http://www.packagingoftheworld.com/2010/11/delishop-take-away.html, Abruf: 19.04.2011

Für Unternehmen ist es jetzt an der Zeit, sich dem Trend entsprechend zu positionieren. Convenience-Angebote werden dort entstehen, wo sich Konsumenten regelmäßig aufhalten. Erste Versuche gibt es seitens der Schnellgastronomie und des Lebensmitteleinzelhandels, die auf lange Sicht in Sachen Convenience immer mehr miteinander verschmelzen werden.[133]

---

[130] Vgl. **Bratschi**, T. / **Feldmann**, L. (2005): Stomach Competence: Wachsen in gesättigten Food-Märkten (Hrsg.), Lebensmittel Zeitung, 2. Auflage, Frankfurt am Main, S. 85.
[131] Vgl. **Rützler**, H. / **Kirig**, A. (2010): Food Styles: Die wichtigsten Thesen, Trends und Typologien für die Genuss-Märkte (Hrsg.), Zukunftsinstitut GmbH, Kelkheim, S. 27.
[132] Vgl. **Rützler**, H. / **Kirig**, A. (2010): Food Styles: Die wichtigsten Thesen, Trends und Typologien für die Genuss-Märkte (Hrsg.), Zukunftsinstitut GmbH, Kelkheim, S. 33f.
[133] Vgl. **Bratschi**, T. / **Feldmann**, L. (2005): Stomach Competence: Wachsen in gesättigten Food-Märkten (Hrsg.), Lebensmittel Zeitung, 2. Auflage, Frankfurt am Main, S. 83ff.

Im Lebensmitteleinzelhandel sind erste Testfilialen gerade europaweit im Einsatz. Anfang April eröffnete REWE seinen ersten reinen Convenience Shop „REWE to go" in der Kölner Innenstadt auf rund 100 Quadratmetern. In London sind bereits weitere Filialen des erfolgreich getesteten „Sainsbury Fresh Kitchen" geplant. Der Lebensmittelriese aus den Niederlanden Albert Heijn plant sogar eine Filiale seines „AH to go" in Deutschland zu eröffnen.[134] Anfang 2011 im Büroviertel La Defénse in Paris das erste Testlabor von McDonald's eröffnet, wo es statt Hamburgern eine Salatbar mit regionalen Zutaten zu finden gibt.[135] Abbildung 18 zeigt Eindrücke aus den neuen Convenience Shops.

Abb. 18: Eindrücke aus Europas Convenience Stores
Quelle: in Anlehnung an **koeln.de** (2011): Screenshot aus Artikel, http://www.koeln.de/koeln/rewe_to_go_macht_mc_donalds_und__starbucks_konkurrenz_465615.html, Abruf: 19.04.2011; **Design 4 retail** (2011): Screenshot des Webauftritts, http://www.design4retail.co.uk/tag/retail-design/page/2/, Abruf: 19.04.2011; **svt branding design group** (2011): Screenshot des Webauftritts, http://www.svt.nl/en/site/our-clients/ah_to_go, Abruf: 19.04.2011

Schätzungsweise wird in den kommenden Jahren noch viel ausprobiert werden, bis sich Konzepte etablieren, die von den Konsumenten langfristig angenommen werden. Nahezu klar ist, dass die Zukunft im Zeichen von Convenience steht.

---

[134] Vgl. **Hanke**, G. / **Himberg**, M. / **Dawson**, S. (2011): Auf dem Sprung, http://www.lebensmittelzeitung.net/business/handel/vertriebslinien/Convenience-Shops_6201_9131.html, Abruf: 19.04.2011.
[135] Vgl. **Wüpper**, G. (2011): McDonald's-Filiale stoppt Verkauf von Hamburgern, http://www.welt.de/wirtschaft/article12224789/McDonalds-Filiale-stoppt-Verkauf-von-Ham burgern.html?print=true - reqdrucken, Abruf: 19.04.2011.

3.4.3 Regionalität, Vertrauen, Transparenz

Die fortschreitende Globalisierung, die Anonymität von industriell gefertigten Lebensmitteln und der boomende Gesundheitsmarkt bedingen die Sehnsucht nach Vertrauen, Authentizität, Nähe und Heimat.

Die Begriffe Regionalität, Vertrauen und Transparenz führen letztendlich alle zum gleichen Thema: Der Konsument von morgen möchte statt des Klimakillers, der von der anderen Seite des Globus kommt, Erzeugnisse aus der Region.[136] Die Region bietet eine größere Chance, den Herstellungsprozess nachvollziehen zu können, und schafft so mehr Vertrauen. Dank des gewachsenen Gesundheitsbewusstseins entscheiden sich Konsumenten auch für die Region, weil die Produkte frischer und gesünder sind, da sie sich wieder mehr an den Jahreszeiten orientieren und keine langen Transportwege in unreifem Zustand hinter sich bringen müssen.[137]

Der Bioboom der letzten Jahre hat den Weg in Richtung nachhaltigen Konsum im Lebensmittelsektor bereits geebnet, wird aber langfristig nicht alleine ausreichen. Seit Bioprodukte auch in jedem Discounter in Massenware erhältlich sind, werden auch hier die Fragen zu sozialen und ethischen Aspekten größer. Allein durch das Biosiegel lassen sich diese nicht voraussetzen.[138] Wie wichtig diese Aspekte geworden sind, zeigt auch der Umsatz mit Fairtrade-Produkten. Von 2007 auf 2008 konnte sich der Markt verdoppeln, wie Abbildung 19 zeigt.[139]

---

[136] Vgl. **Zukunftsletter** (2008): Das Gute liegt so nah – der neue Trend Regionalität im Lebensmittelsegment, http://www.zukunftsletter.de/news-archiv/das-gute-liegt-so-nah-der-neue-trend-regionalitaet-im-lebensmittelsegment-871.html, Abruf: 19.04.2011.
[137] Vgl. **Rützler,** H. / **Kirig,** A. (2010): Food Styles: Die wichtigsten Thesen, Trends und Typologien für die Genuss-Märkte (Hrsg.), Zukunftsinstitut GmbH, Kelkheim, S. 15.
[138] Vgl. **Steinheuer,** C. (2011): Megatrend Regionalität, http://www.lebensmittelpraxis.de/home/1638-megatrend-regionalitaet.html, Abruf: 19.04.2011.
[139] Vgl. **Rützler,** H. / **Kirig,** A. (2010): Food Styles: Die wichtigsten Thesen, Trends und Typologien für die Genuss-Märkte (Hrsg.), Zukunftsinstitut GmbH, Kelkheim, S. 16f.

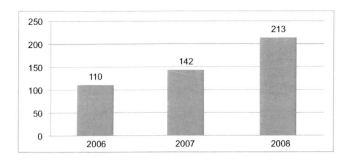

Abb. 19: Umsatzentwicklung mit Fairtrade-Produkten in Deutschland in Mio. €
Quelle: in Anlehnung an **Ranalli,** S. / **Reitbauer,** S. / **Ziegler,** D. (2009): Trend Report Grün, München, S. 17

Das englische Unternehmen Cadbury Dairly Milk hat aus diesem Grund seine komplette Produktion auf Fairtrade umgestellt. Alle Schokoladenriegel in Großbritannien und Irland werden nur noch aus Fairtrade-zertifizierter Schokolade hergestellt. Das Unternehmen verkauft jährlich 300 Millionen Riegel. Nach Umstellung auf Fairtrade hat sich der Absatz schlagartig verdreifacht. Bald folgt die Umstellung in Kanada, Australien und Neuseeland.[140]

Zudem hat der Trend zu mehr Regionalität dazu geführt, dass alte und vergessene Rohstoffe wiederentdeckt werden. Neben Obstsorten wie Quitte, Rhabarber, Mirabelle und Holunder erlebt die bürgerliche Küche rund um Sauerbraten und Haxe ein Revival.[141] Auch im Handel finden sich inzwischen regionale Spezialitäten wieder, von denen sich Verbraucher national gerne inspirieren lassen.[142] Auch der internationale Coffeeshop-Riese Starbucks nutzt den Trend der Regionalität und eröffnet unter dem Namen „Street Level Coffee" in Seattle neue Filialen, die im Charme der einzelnen Stadtviertel gestaltet sind. Zudem werden heimische Bands und Künstler gefördert. Der kanadische Hersteller Hellmanns verarbeitet in seinen Produkten lediglich Erzeugnisse aus Kanada. Als besonderen Service finden die Kunden auf seiner Website

---

[140] Vgl. **Grey GmbH** (2010): Food Trends 01/10, Düsseldorf, S. 8.
[141] Vgl. **Kessenbrock,** T. (2010): Alte Sorten neu entdeckt – der Trend zur Regionalität am heimischen Herd, http://www.w-h-d.de/de/regionalitaet-essen-kueche, Abruf: 19.04.2011.
[142] Vgl. **Rützler,** H. / **Kirig,** A. (2010): Food Styles: Die wichtigsten Thesen, Trends und Typologien für die Genuss-Märkte (Hrsg.), Zukunftsinstitut GmbH, Kelkheim, S. 20.

Informationen zu regionalen Erzeugnissen und Märkten.[143] Wer von dem Trend Regionalität in der Stadt profitieren möchte, kann dank der Erfindung des „Stuewer Regiomat" Erzeugnisse von den umliegenden Bauernhöfen beziehen. Dabei handelt es sich um einen Automaten, der an Bushaltestellen, Campingplätzen und anderen öffentlichen Orten aufgestellt wird und täglich frisch von den Bauernhöfen beliefert wird. So können Bauernhöfe auch neben den Wochenmärkten Kunden erreichen, ohne dafür teure Zwischenhändler einschalten zu müssen.[144]

Die Orientierung an regionalen Erzeugnissen basiert auf dem Vertrauen, das Konsumenten in heimische Produktionsprozesse stecken. Glauben, Wissen und Vertrauen sind zentrale Treiber der Lebensmittelindustrie von morgen. Sie helfen den Menschen in einer immer komplexeren Welt dabei sich zu orientieren, Entscheidungen zu treffen und Informationen zu reduzieren. Durch die stetige Individualisierung in allen Bereichen und die Dynamik der Märkte gibt es kaum noch Konstanten, an denen sich der Mensch orientieren kann. Die Entwicklung des Internets ermöglicht unendliche Informationsberge zum Nulltarif. Somit kann der Konsument von morgen alles kontrollieren, erfahren und wissen. Das Dilemma ist nur, dass dieser Prozess viel Zeit kostet, die die meisten Menschen nicht haben.[145]

Im Foodmarkt haben Lebensmittelskandale, zunehmende Allergien, krebserregende Substanzen in fertigen Lebensmitteln und die steigende Fettleibigkeit dazu geführt, dass das Vertrauen in die Industrie, billige Lebensmittel zu gleichbleibender Qualität zu produzieren, kaum noch vorhanden ist.

Den Aufwand, Informationen zu generieren, in Wissen umzuwandeln und selbst Entscheidungen treffen zu müssen, will der Konsument von morgen abgenommen bekommen und wieder vertrauen können. Denn Lebensmittel sind Mittel zum Leben und deshalb intim und emotional.[146] Eine japanische Designagentur hat bezüglich der Frische von Lebensmitteln nun Abhilfe geschaffen und ein Frischelabel entworfen, das mit Hilfe spezieller Tinte die Farbe ändert, sobald sich der Ammoniakgehalt in der

---

[143] Vgl. **Grey GmbH** (2010): Food Trends 01/10, Düsseldorf, S. 12ff.
[144] Vgl. **Grey GmbH** (2010): Food Trends 02/10, Düsseldorf, S. 14.
[145] Vgl. **Bratschi**, T. / **Feldmann**, L. (2005): Stomach Competence: Wachsen in gesättigten Food-Märkten (Hrsg.), Lebensmittel Zeitung, 2. Aufl., Frankfurt am Main, S. 116ff.
[146] Vgl. **Bratschi**, T. / **Feldmann**, L. (2005): Stomach Competence: Wachsen in gesättigten Food-Märkten (Hrsg.), Lebensmittel Zeitung, 2. Aufl., Frankfurt am Main, S. 123f.

Verpackung ändert. So zeigt es dem Konsumenten an, ob das Produkt noch frisch ist oder nicht.[147] Bei dem deutschen Start-up „Happy Coffee" können Verbraucher sich sicher sein, dass der Preis stimmt. Über den Onlineshop kann man Bio-Fairtrade-Kaffee bestellen, dessen Preisgestaltung transparent gestaltet ist. Alle Kosten und Einsparungen sind aufgeführt, bis es zum Verbraucherpreis kommt.[148] Die österreichische Saftmarke „Less is more" stellt hochwertige Fruchtsaftkonzentrate her. Dadurch, dass nur das Konzentrat geliefert wird und der Kunde durch Zugabe von Wasser daraus 24 Liter Saft generieren kann, werden Energie, Verpackungsmüll und CO_2 eingespart.[149] Abbildung 20 zeigt die Unternehmen, die den Kunden neues Vertrauen schenken.

Abb. 20: Mehr Transparenz und Vertrauen durch innovative Ideen
Quelle: in Anlehnung an **To Genkyo** (2011): Screenshot des Webauftritts, http://www.to-genkyo.com/, Abruf: 19.04.2011; **Less is More** (2011): Screenshot des Webauftritts, http://www.less-is-more.at/de/apfelsaftshop?page=shop.browse&category_id=6, Abruf: 19.04.2011

Vertrauen ist immer dort notwendig, wo Wissen fehlt. In Zukunft werden sich diejenigen Unternehmen durchsetzen, die dem Konsumenten ermöglichen ihnen in die Karten schauen und sie kontrollieren zu lassen. Transparenz bestimmt die Beziehung zwischen Konsument und Produzent in der Zukunft. Wer den Konsumenten an dem kompletten Prozess der Wertschöpfung teilhaben lässt, wird sein Vertrauen gewinnen. Gerade die Multikonzerne haben in Sachen nachhaltiger Wertschöpfung mit Sicherheit noch einiges im Vorfeld zu erledigen, bevor der Konsument daran teilhaben kann.

---

[147] Vgl. **Grey GmbH** (2010): Food Trends 01/10, Düsseldorf, S. 11.
[148] Vgl. **Grey GmbH** (2010): Food Trends 03/10, Düsseldorf, S. 15.
[149] Vgl. **Grey GmbH** (2010): Food Trends 03/10, Düsseldorf, S. 20.

3.4.4 Neuer Genuss

Ob im Privathaushalt, im Außer-Haus-Markt, im Handel, oder auf den neuen zahlreichen Verbrauchermessen – Essen ist ein Luxusmarkt der Zukunft. Interessierte und informierte Konsumenten möchten sich mit Produzenten, Händlern und Gastronomen austauschen und die Geschichte hinter den Produkten erfahren. Die neuen Produkte müssen bereits so aussehen, als ob der Hersteller Herzblut und Überzeugung hineingesteckt hat. Handgemacht, wie in einer Manufaktur hergestellt, mit vielen individuellen Details. Diese Leidenschaft seitens der Hersteller schafft eine neuartige, emotionale Verbindung zum Konsumenten.[150]

Der Genuss ist der Luxus der Zukunft. Dabei geht es nicht um die Art Luxus, die in den vergangenen Jahren über das Budget den sozialen Unterschied manifestierte.[151] Es geht darum Genuss, Ethik, Authentizität und Gesundheit miteinander zu verknüpfen und so das Gefühl zu erlangen, sich etwas zu gönnen. Dieser Anspruch spiegelt sich in der Wahl der Rohstoffe, der Küchenutensilien, des Restaurants und im Supermarkt wider. Mehr denn je zahlt es sich aus auf Design, hochwertige Produkte und Innovationen zu setzen, die für den Verbraucher ein unverwechselbares Erlebnis schaffen.[152] Das amerikanische Start-up-Unternehmen „Back to the roots" bietet eine Pilzkultur zum Selbstzüchten an. Der Nährboden des designten Kartons besteht aus recyceltem Kaffeesatz, während die Pilze mit einem ökologischen Dünger gezogen werden.[153] Fleur de Sel aus Mallorca, Tomatensud aus Sizilien, Quittenmark von deutschen Bauernhöfen – Ursprünglichkeit und Design vereinen sich in ganz neuen Produkten, wie Abbildung 21 zeigt.

---

[150] Vgl. **Rützler**, H. / **Kirig**, A. (2010): Food Styles: Die wichtigsten Thesen, Trends und Typologien für die Genuss-Märkte (Hrsg.), Zukunftsinstitut GmbH, Kelkheim, S. 74ff.
[151] Vgl. **Sigrist**, S. (2005): Food Fictions: Radikale Food Trends, in: GDI Study Nr. 22 (Hrsg.), Gottlieb Duttweiler Institute, Rüschlikon/Zürich, S. 112.
[152] Vgl. **Wenzel**, E. / **Kirig**, A. / **Rauch**, C. (2008): Greenomics. Wie der grüne Lifestyle Märkte und Konsumenten verändert, München, S. 186f.
[153] Vgl. **Grey GmbH** (2010): Food Trends 04/10, Düsseldorf, S. 10.

Abb. 21: Design und Ursprünglichkeit verbindet sich
Quelle: in Anlehnung an **Manufactum GmbH & Co. KG** (2011): Screenshots des Webauftritts, http://www.manufactum.de/Kategorie/172112/Lebensmittel.html, Abruf: 22.04.2011

Das italienische Unternehmen Eataly geht noch einen Schritt weiter und mischt ansprechendes Ambiente aus Museum, Restaurant und Supermarkt mit Gourmetspezialitäten kleiner Handwerksbetriebe aus der Region. 8.000 Besucher täglich verzeichnet die Luxushalle. Die kleinen Betriebe laufen dank der Möglichkeit, ihre Produkte einem breiten Publikum anbieten zu können, prächtig.[154]

Die Zeit, in der Deckungsbeiträge und Produktionsprozesse vorgegeben haben, wie Produkte auszusehen haben, ist spätestens mit diesem Trend überholt.

Der neue Genuss ist auch eine Form des Eskapismus vom Alltag. In einer Zeit, in der kaum noch jemand regelmäßig kocht und mit Freunden oder der Familie zusammen isst, wird das Kochen zu Hause zu einem emotionalen Event und sozialen Austausch.[155] Sich selbst und seinen Liebsten nach einem anstrengenden Tag etwas Gutes zu tun, wird mit Hilfe von Qualität, Design und Genusserlebnis zelebriert. Damit ist auch die Geiz-ist-geil-Mentalität der letzten Jahre abgeschafft. Wie Abbildung 22 zeigt, gibt es ein Umdenken beim Einkauf. Qualität ist wieder wichtiger als der Preis.

---

[154] Vgl. **Eataly** (2011): Screenshots des Webauftritts, http://www.eataly.it/photos/, Abruf: 22.04.2011
[155] Vgl. **Horx**, M. (2009) B: Trend Report 2010, Zürich, S. 116.

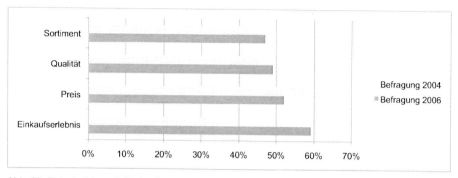

Abb. 22: Entscheidungskriterien beim Einkauf im Vergleich
Quelle: in Anlehnung an **Rützler**, H. / **Kirig**, A. (2010): Food Styles: Die wichtigsten Thesen, Trends und Typologien für die Genuss-Märkte (Hrsg.), Zukunftsinstitut GmbH, Kelkheim, S. 74

Wer von dem Trend des neuen Genusses profitieren möchte, braucht Produkte, die eine Geschichte erzählen. Der Konsument von morgen möchte ohne schlechtes Gewissen genießen können und sich mit Köpfchen, Auge und Gaumen etwas Gutes tun.

3.5 Zwischenfazit

Die Trends in der Gesellschaft und im Speziellen im Nahrungsmittelsektor zeigen, dass der Konsument von morgen in einem Spannungsfeld zwischen Selbstdisziplin und Entbehrung auf der einen Seite und Genuss und Luxus auf der anderen Seite lebt.

Die Konsumtrends der steigenden Mobilität, des neuen Umweltbewusstseins und des individuellen Anspruchs an sich selbst, ein gesunder, dynamischer Mensch sein zu müssen, um in der komplexen Welt von morgen mithalten zu können, haben gezeigt, dass der Konsument von morgen einer Reihe von Herausforderungen begegnet, die ihn zwar anspornen die Dinge in die Hand zu nehmen, andererseits aber auch überfordern. Zeit wird immer mehr zu einem knappen Gut. Um richtige Entscheidungen im Sinne der Konsumtrends treffen zu können, fundieren die Handlungen der Konsumenten von morgen auf enormem Wissen und dem Austausch von Informationen im Dialog mit einer anonymen Internet-Community.

Dieser Wissenszuwachs wird sich besonders im Foodsektor widerspiegeln. Wie die Foodtrends der vorangegangenen Kapitel zeigen, herrscht ein enormes Misstrauen zwischen Herstellern, Handel und Verbrauchern. Auch hier werden die großen Themen Nachhaltigkeit, Gesundheit, Schnelligkeit und Belohnung durch Genuss sein.

Der Mangel an Zeit, die Zunahme der Einpersonenhaushalten und die Flexibilität von Arbeit werden dazu führen, dass gerade mobiles und fertiges Essen für unterwegs einen Boom erleben wird. Die Zeichen stehen also gut für die Fast-Food-Ketten, die ihre Infrastruktur bereits aufgebaut haben. Ziel wird es sein, das Angebot durch gesunde Gerichte und nachhaltige Aspekte zu ergänzen, um den Konsumenten von morgen mehr Orientierung zu bieten.

4 Wettbewerbsanalyse mit Competitive Intelligence

Der Begriff der Competitive Intelligence hat sich in den letzten Jahren langsam, aber stetig auch in Europa verbreitet. Ursprünglich stammt das Konzept aus den USA. Der Wegbereiter und legendäre Stratege Michael Porter hatte bereits 1980 die strategischen Grundsteine für die Wettbewerbsanalyse gelegt. Durch das systematische Auswerten von Informationen über die Marktteilnehmer soll eine verbesserte Entscheidungsgrundlage für das Topmanagement in Unternehmen gebildet werden. So könnte in einigen Worten Competitive Intelligence beschrieben werden.[156]

Die folgenden Abschnitte geben eine kurze Einführung in die wesentlichen Grundzüge der Competitive Intelligence. Kernaufgabe des Kapitels ist es, den Prozess der Competitive Intelligence auf das Thema der vorliegenden Arbeit zu beziehen und anhand einer Fallstudie durchzuführen. Das Ziel des Kapitels besteht darin aufzuzeigen, wie Competitive Intelligence dabei helfen kann auch im Fast-Food-Markt richtige Entscheidungen zu treffen, um zukunftsweisende Konzepte für den Konsumenten von morgen zu entwickeln.

4.1 Grundlagen

In den folgenden Kapiteln wird eine kurze Einführung in den Prozess der Competitive Intelligence ermöglicht. Hierzu soll zunächst die Notwendigkeit dieses Instruments erläutert werden.

4.1.1 Notwendigkeit der Wettbewerbsbeobachtung

Der Markterfolg von Unternehmen hängt letztlich immer davon ab, ob im Unternehmen richtige Entscheidungen getroffen werden oder nicht. In den letzten Jahren haben zahlreiche Einflüsse dazu geführt, dass Entscheidungen immer schneller getroffen

---

[156] Vgl. **Leitl,** M. (2005): Was ist Competitive Intelligence?, in: Harvard Business Manager, Nr. 5, S. 14f.

werden müssen.[157] Durch die zunehmende Komplexität der Märkte und die steigende Geschwindigkeit, mit der Innovationen auf den Markt kommen und wieder imitiert werden, neue Wettbewerber erscheinen und wieder verschwinden, unterliegen Unternehmen einem enormen Druck.[158] Abbildung 23 veranschaulicht, welche Einflussfaktoren den Druck der Unternehmen heute ausmachen.

- Neue Lebensstile
- Beschleunigung
- Kostendruck
- Gesellschaftliche Veränderungen
- Globalisierung
- Neue Technologien
- Neue Marktteilnehmer
- Shareholder Value

Abb. 23: Einflussfaktoren auf die Unternehmen

Quelle: in Anlehnung an **Deltl**, J. (2004): Strategische Wettbewerbsbeobachtung: So sind Sie Ihren Konkurrenten laufend einen Schritt voraus, Wiesbaden, S. 13

Neben den grundsätzlichen Fragen, ob Unternehmen Quantität oder Qualität anbieten wollen und zu welchem Preis, müssen sie mit Rücksicht auf die Einflussgrößen noch wesentlich mehr Fragen beantworten und entscheiden.

Um richtige Entscheidungen treffen zu können, bedarf es eines Fundaments aus Informationen über den Markt, deren Teilnehmer und das eigene Unternehmen. Im Idealfall führt dieses Wissen zu einem Wissensvorsprung gegenüber dem Wettbewerb und damit zu Marktvorteilen. Ohne den Markt und dessen Signale zu kennen, beruhen Unternehmensentscheidungen lediglich auf Vermutungen, die in der heutigen Zeit relativ schnell zur Erosion führen können.[159] Den Wettbewerb im Blick zu haben, ist somit von strategischer Bedeutung, sichert das Unternehmen gegenüber der Konkurrenz ab und baut den eigenen Unternehmenserfolg aus.

---

[157] Vgl. **Pfaff**, D. (2005): Competitive Intelligence in der Praxis: Mit Informationen über Ihre Wettbewerber auf der Überholspur, Frankfurt am Main, S. 13ff.
[158] Vgl. **Spitzeck**, H. (2008): Moralische Organisationsentwicklung: Was lernen Unternehmen durch die Kritik von Nichtregierungsorganisationen?, St. Gallen, S. 67.
[159] Vgl. **Leitl**, M. (2005): Was ist Competitive Intelligence?, in: Harvard Business Manager, Nr. 5, S. 14f.

4.1.2 Competitive Intelligence als modernes Wettbewerbskonzept

Competitive Intelligence wird gerne der Ruf von einem alten Konzept, nämlich der klassischen Wettbewerbsanalyse, verpackt in einem neumodischen Begriff vorgeworfen.[160] Fakt ist, dass der Begriff „Intelligence" heutzutage in vielen unterschiedlichen Branchen verwendet wird. Ursprünglich kommt der Begriff aus den USA und umschreibt die Art und Weise, wie Wissen generiert und verteilt wird. Bei der Competitive Intelligence geht es um mehr als nur den Wettbewerb. Hierbei wird das wirtschaftliche Umfeld analysiert, in dem ein Unternehmen agiert. Competitive Intelligence fungiert als Frühwarnsystem, um strategische Entscheidungen im Unternehmen vorzubereiten, und unterscheidet sich damit ganz klar von einer herkömmlichen Wettbewerbsanalyse, die keinen Zukunftsbezug und keine Handlungskonsequenz fordert.[161]

CI muss als kontinuierlicher Prozess verstanden werden von der Informationserhebung über die -analyse bis hin zur -bewertung. Nur so kann aus Informationen Wissen generiert werden, aus dem Konsequenzen für die Zukunft des eigenen Unternehmens abgeleitet werden können.[162] Das heißt, es geht nicht nur um das reine Besitzen von Wissen über den Wettbewerb, sondern darum es auch anzuwenden und in strategischen Entscheidungen in der Unternehmensführung zu manifestieren und so Wettbewerbsvorteile zu erlangen.[163]

4.1.3 Der Prozess der Competitive Intelligence

Competitive Intelligence ist nur dann von Bedeutung, wenn sie zu einer konkreten Anwendung kommt. Um dies zu gewährleisten, wird ein Prozess angestrebt, in dem Informationen gesammelt, analysiert, bewertet und in brauchbares Wissen aufbereitet

---

[160] Vgl. **Müller**, A. (2008): Strategic Foresight – Prozesse strategischer Trend- und Zukunftsforschung in Unternehmen, Diss., St. Gallen, S. 26f.
[161] Vgl. **Romppel**, A. (2006): Competitive Intelligence: Konkurrenzanalyse als Navigationssystem im Wettbewerb, Berlin, S. 43f.
[162] Vgl. **Pfaff**, D. (2005): Competitive Intelligence in der Praxis: Mit Informationen über Ihre Wettbewerber auf der Überholspur, Frankfurt am Main, S. 26ff.
[163] Vgl. **Deltl**, J. (2004): Strategische Wettbewerbsbeobachtung: So sind Sie Ihren Konkurrenten laufend einen Schritt voraus, Wiesbaden, S. 36.

werden, um dem Management des Unternehmens zu ermöglichen auf dieser Basis zukunftsgerichtete Entscheidungen zu treffen.[164] Abbildung 24 skizziert den CI-Zyklus.

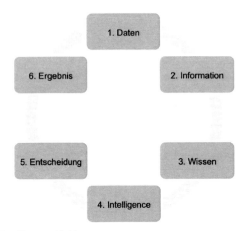

Abb. 24: Competitive-Intelligence-Zyklus

Quelle: in Anlehnung an **Gray,** P. (2010): Competitive Intelligence, in: Business Intelligence Journal, Vol. 15, Nr. 4, S. 31-37, S. 33

Am Anfang des Prozesses steht das Generieren von Daten. Diese Daten sind noch mehr oder weniger willkürlich gesammelt. Durch den zweiten Schritt des Prozesses, das Aussortieren der Daten, werden diese zu Informationen. Im Folgenden werden die Quellen der Informationen bewertet und wird ihre Verlässlichkeit geprüft, so dass daraus ein annäherndes Wissen über einen Sachverhalt entsteht. Zu Intelligence wird das Wissen dann, wenn es für das Vorhaben des Unternehmens relevant ist und einen handlungsweisenden Charakter hat. So kann es zum nächsten Prozessschritt, zur Entscheidung, kommen. Das Resultat der Entscheidung zeigt sich oft erst später, wenn auf taktischer und operativer Ebene Maßnahmen ergriffen wurden. Der Prozess der CI wird in dem Moment flüssig, in dem die Ergebnisse wieder als Anhaltspunkt zur Datenrecherche genutzt werden. Da der CI-Zyklus ein mögliches Zukunftsbild kreiert, gibt es zwischen der gegenwärtigen Situation und dem, was prognostiziert wird, in der

---

[164] Vgl. **Gray,** P. (2010): Competitive Intelligence, in: Business Intelligence Journal, Vol.15, Nr. 4, S. 33.

Realität eine Lücke. Hier steckt auch der Unterschied zur Marktforschung, die sich auf gegenwärtige Fragestellungen stützt.[165]

Ziel ist es, den Prozess so zu optimieren, dass die bestmöglichen Informationen bereitgestellt werden, um fundierte Entscheidungen zu treffen, die den Unternehmenserfolg sichern und ausbauen.

4.1.4 Implementierung im Unternehmen

Um Competitive Intelligence im Unternehmen zu implementieren ist es notwendig, dass alle Beteiligten stetig Informationen sammeln, die später von einer Stabsstelle zusammengefasst werden.[166] Frühzeitig Signale im Markt zu erkennen, hat auch etwas mit der Mentalität zu tun, die im Unternehmen gelebt wird. Zudem ist es wichtig, dass eine CI-Abteilung innerhalb des Unternehmens gefördert und als Beratung der Geschäftsführung anerkannt wird.

Eine neue CI-Abteilung im Unternehmen zu implementieren bedarf einiger grundsätzlicher Entscheidungen. Es ist möglich eine Abteilung innerhalb des Unternehmens zu betreiben oder auch CI von außen einzukaufen. Je nach Größe des Unternehmens empfiehlt es sich eine Abteilung in der strategischen Planung einzurichten, um durch die Nähe zur Geschäftsführung eine schnelle Reaktionsfähigkeit am Markt zu besitzen.[167]

Da prinzipiell jede Abteilung im Unternehmen Interesse an Informationen bzw. Wissen einer CI-Abteilung haben kann, ist es schwierig ein Projektteam zusammenzustellen, da es meist interdisziplinär sein muss. Wichtig ist, dass sich die CI-Abteilung nicht als passiver Informationsdienstleister versteht, sondern als proaktiver Aufklärer und Berater. Je nach Themen- und Fragestellung kann die Vorgehensweise natürlich

---

[165] Vgl. **Romppel**, A. (2006): Competitive Intelligence: Konkurrenzanalyse als Navigationssystem im Wettbewerb, Berlin, S. 41f.
[166] Vgl. **Pfaff**, D. (2005): Competitive Intelligence in der Praxis: Mit Informationen über Ihre Wettbewerber auf der Überholspur, Frankfurt am Main, S. 38.
[167] Vgl. **Pfaff**, D. (2005): Competitive Intelligence in der Praxis: Mit Informationen über Ihre Wettbewerber auf der Überholspur, Frankfurt am Main, S. 27.

variieren, ein systematischer, kontinuierlicher Prozess muss dennoch bestehen bleiben.[168]

Schwierig bleibt die Frage nach der Erfolgsmessung von CI und dem Nachweis des Erfolgs. Hier bleibt zurzeit lediglich der Vergleich von Fallbeispielen von Unternehmen, die mit CI arbeiten, und denen, die es nicht tun. Beispielsweise konnte ein amerikanische Pharmakonzern 2002 nach 30-monatiger Arbeit mit der CI-Abteilung eine Gegenstrategie entwickeln, um der geplanten Produkteinführung eines Wettbewerbers zuvorzukommen. Es wurde angegeben, dass durch die Abwehr der bevorstehenden Wettbewerbsmaßnahme eine Ersparnis von 200 Millionen US-Dollar erreicht werden konnte.[169]

4.2 Fallstudie zur Umsetzung von Competitive Intelligence

Auf Basis eines Fallbeispiels soll im Folgenden der Prozess der Competitive Intelligence verdeutlicht werden und die praktische Anwendung auf ein reales Unternehmen zeigen, wie CI dabei helfen kann zukunftsweisende Konzepte zu entwickeln und dadurch Wettbewerbsvorteile zu erlangen.

Für das Fallbeispiel wurde der Weltkonzern McDonald's ausgewählt. Hier ist in den letzten Jahren ein klarer Strategiewechsel zu erkennen, der beispielhaft in der vorliegenden Arbeit anhand des CI-Zyklus abgebildet werden kann. Zudem ist ein Beispiel aus der Fast-Food-Branche gewollt, um das Thema der Abhandlung zu stützen.

4.2.1 Kurzprofil des Unternehmens McDonald's

McDonald's gilt wohl als das Symbol für Fast Food und ist weltweit bekannt. In Deutschland ist der 1940 durch die beiden Brüder Richard und Maurice McDonald gegründete Schnellimbiss Marktführer wie nahezu überall in Europa. Mit der Übernahme durch den Geschäftsmann Ray Kroc in den 50er Jahren startete das Weltimpe-

---

[168] Vgl. **Gaidelys**, V. (2010): The role of Competitive Intelligence in the course of business process, in: Economics and Management, 2010-15, S. 1063f.
[169] Vgl. **Romppel**, A. (2006): Competitive Intelligence: Konkurrenzanalyse als Navigationssystem im Wettbewerb, Berlin, S. 44f.

rium der Schnellrestaurants mit dem goldenen M.[170] Seit den 70er Jahren hat sich die Burgerbude zu einem Weltkonzern entwickelt und ist heute mit 32.000 Restaurants in 118 Staaten vertreten.[171]

2010 konnte McDonald's ein Umsatzplus von 3,7% auf 3,017 Milliarden Euro erwirtschaften. Täglich finden durchschnittlich 2,69 Millionen Besucher den Weg in eines der 1.683 Restaurants. Das Geschäft läuft für McDonald's dank ausgeprägter Innovationsbereitschaft und der stetigen Ausrichtung der Unternehmensstrategie am Puls der Zeit prächtig. 1993 führte in diesem Zuge McDonald's die Marke McCafé ein. In den inzwischen rund 500 Filialen deutschlandweit kann die neue, moderne Kaffeekultur rund um Latte Macchiato und Kaffeegebäck in gemütlicher und stilvoller Atmosphäre genossen werden.[172]

4.2.2 Strategische Fragestellung

Um eine strategische Wettbewerbsbeobachtung im Unternehmen zu installieren, ist es wichtig die Ziele des Unternehmens zu definieren und den Anspruch an ein CI-Projekt zu formulieren.

Wie die wirtschaftliche Entwicklung von McDonald's zeigt, scheint es so, als sei das Unternehmen auf Erfolgskurs. Doch als Marktführer gilt es immer wieder neue Impulse zu setzen. Zudem ist der Marktführer häufig das Symbol für die ganze Kategorie, wenn es um negative Berichterstattung geht. So steht McDonald's bei allen Bemühungen und Akzeptanz in den Köpfen der europäischen Verbraucher für die negativen Folgen der Globalisierung. McDonald's gilt aus der Historie heraus für rationale und vereinheitlichte Geschäftsmodelle, die die lokalen Esskulturen durch eine internationale

---

[170] Vgl. **McDonald's Deutschland Inc.** (2011): McDonald's in Zahlen und Fakten, http://www.mcdonalds.de/unternehmen/ueber_mcdonalds/zahlen_und_fakten.html, Abruf: 27.04.2011.
[171] Vgl. **Hengsbach,** F. (2000): „Globalisierung" – eine wirtschaftsethische Reflexion, http://www.bpb.de/publikationen/1EP1JM,1,0,Globalisierung_eine_wirtschaftsethische_Reflexon.html, Abruf: 11.04.2011.
[172] Vgl. **McDonald's Deutschland Inc.** (2011): McDonald's in Zahlen und Fakten, http://www.mcdonalds.de/unternehmen/ueber_mcdonalds/zahlen_und_fakten.html, Abruf: 27.04.2011.

Einheitskultur ersetzen. Diese Kultur vermittelt ungesundes und standardisiertes Essen.[173]

Eine erste strategische Fragestellung für das Unternehmen in Deutschland ist, wie es gelingt, das Image von McDonald's zu verbessern. Dabei geht es nicht darum per se die Kategorie Fast Food zu revolutionieren und damit auch für die Konkurrenz mitzuarbeiten, sondern als Marktführer ein optimiertes, positives Beispiel abzugeben, dass Fast Food im 21. Jahrhundert nicht mehr für die negativen Attribute der Globalisierung und Amerikanisierung steht.

Die gesellschaftlichen Veränderungen und die damit verbundene Entwicklung der modernen Esskultur (vgl. Kapitel 3) haben gezeigt, dass die Eigenschaften wie Schnelligkeit, Verfügbarkeit, Mobilität und Convenience im Trend liegen und sich in Zukunft weiter verstärken werden – alles Eigenschaften, die im Kern des Fast Food erfüllt werden. Dennoch scheinen die Angebote die Konsumenten nicht zu überzeugen, wenngleich infolge fehlender Alternativen die Nachfrage nach bestehenden Angeboten steigt.

Eine zweite strategische Fragestellung zum Start eines CI-Projektes lautet, wie es McDonald's als Marktführer schafft in den kommenden Jahren das positive Wachstum weiter auszubauen und für den anspruchsvollen Konsumenten von morgen relevant zu bleiben oder relevant zu werden.

Die Mission des Unternehmens McDonald's soll darin bestehen, eine dynamische und nachhaltige Marke zu sein, die für moderne Esskultur, Innovation und gesellschaftliche Verantwortung steht.

4.2.3 Aufgabenstellung

Implementierung eines CI-Prozesses im Unternehmen McDonald's als Pilotprojekt zur Entwicklung einer langfristigen Strategie zur Erreichung der neuen Unternehmensmission (vgl. Kapitel 4.2.2).

---

[173] Vgl. **Hengsbach,** F. (2000): „Globalisierung" – eine wirtschaftsethische Reflexion, http://www.bpb.de/publikationen/1EP1JM,1,0,Globalisierung_eine_wirtschaftsethische_Reflexon.html, Abruf: 11.04.2011.

4.2.3.1 Projektplanung

Bei der erstmaligen Einrichtung einer CI-Abteilung ist die Planungsphase enorm wichtig. Hier werden die Anforderungen an die CI-Abteilung definiert. Diese Anforderungen werden mit Hilfe von Key Intelligence Topics (KITs) entwickelt. Dies sind strategische Fragestellungen, die in der Recherche und Analyse beantwortet werden sollen. Der Informationsbedarf ist je nach Entscheider unterschiedlich, so dass eine Priorisierung der Bedürfnisse innerhalb des Unternehmens erfolgen muss.[174] Im Fall von McDonald's könnten folgende KITs von Bedeutung sein:

- Auf welchen Märkten stehen wir im Wettbewerb?
- Welches sind die wichtigsten Wettbewerber?
- Welches sind die wichtigsten Produkte und Dienstleistungen der Wettbewerber?
- Um welche Kunden konkurrieren wir?
- Welches sind die wichtigsten Technologien und Trends in unserer Wettbewerbssituation?
- Welche Quellen werden für Wettbewerbsinformationen momentan genutzt?

Anschließend erfolgt das Briefing der CI-Abteilung.

4.2.3.2 Datensammlung

Die Datensammlung kann als entscheidender Schritt innerhalb des CI-Prozesses angesehen werden, da von der Qualität und Quantität der Daten das später generierte Wissen als Entscheidungsgrundlage für das Management abhängt.

Prinzipiell stehen dem Unternehmen zwei Methoden zur Datenbeschaffung zur Verfügung: die Sekundärforschung, also das Recherchieren bereits vorhandener Informationen, und die Primärforschung, die Erhebung neuer Informationen. Beide Methoden haben ihre Vor- und Nachteile. Während die Sekundärforschung wesentlich günstiger und schneller ist, ist die Primärforschung mit einem höheren Aufwand verbunden und in vielen Fällen auch gar nicht nötig, wenn sich Informationen auch in Sekundärquellen

---

[174] Vgl. **Romppel**, A. (2006): Competitive Intelligence: Konkurrenzanalyse als Navigationssystem im Wettbewerb, Berlin, S. 68f.

finden lassen.[175] Hier stehen beispielsweise Fachmagazine, Jahres- und Geschäftsberichte, Pressemitteilungen, Studien usw. zur Verfügung. Wichtig ist, dass im Anschluss an die allgemeine Datensammlung eine Beurteilung der Daten in Hinsicht auf Aktualität, Relevanz, Vergleichbarkeit, Vollständigkeit und Validität stattfindet.[176] Hier wird es oft bei Sekundärquellen schwierig die Aktualität der Daten zu wahren. In einem sehr dynamischen Markt wie dem Fast-Food-Markt kann es an dieser Stelle passieren, dass einige Informationen lediglich über eine Primärerhebung zu erlangen sind.

Ein weiterer Punkt ist die Effizienz der Recherche. Viele Unternehmen machen den Fehler, direkt in die externe Suche nach Informationen einzusteigen, bevor die internen Ressourcen geprüft sind. Viele Informationen liegen bereits im Unternehmen vor. Auch wenn sie nicht für den akuten Anlass recherchiert wurden, können sie in einem anderen Kontext gegebenenfalls von Interesse sein. Zudem lohnt es sich auch Mitarbeiter spezialisierter Abteilungen zu befragen, wo sich möglicherweise gebündeltes Know-how zu einem KIT befindet.[177]

4.2.3.3 Datenaufbereitung und -analyse

Die Wandlung der gefilterten Informationen in entscheidungsrelevantes Wissen erfolgt in der Analysephase. In dieser Phase werden die Ergebnisse und Entscheidungen des Prozesses vorbereitet. Mit Hilfe geeigneter Analyseverfahren werden die Informationen in anwendbares Wissen transformiert, so dass auf dieser Basis die Entscheider Rückschlüsse auf die zu erwartenden Aktivitäten am Markt ziehen können.[178]

Die Branchenstrukturanalyse nach Porter untersucht die Umwelt eines Unternehmens. Ziel dieser Analyse ist es, anhand von fünf Wettbewerbskräften zu zeigen, nach

---

[175] Vgl. **Pfaff**, D. (2005): Competitive Intelligence in der Praxis: Mit Informationen über Ihre Wettbewerber auf der Überholspur, Frankfurt am Main, S. 50ff.
[176] Vgl. **Deltl**, J. (2004): Strategische Wettbewerbsbeobachtung: So sind Sie Ihren Konkurrenten laufend einen Schritt voraus, Wiesbaden, S. 67f.
[177] Vgl. **Romppel**, A. (2006): Competitive Intelligence: Konkurrenzanalyse als Navigationssystem im Wettbewerb, Berlin, S. 97f.
[178] Vgl. **Pfaff**, D. (2005): Competitive Intelligence in der Praxis: Mit Informationen über Ihre Wettbewerber auf der Überholspur, Frankfurt am Main, S. 77f.

welcher Struktur der Wettbewerb funktioniert.[179] Abbildung 25 veranschaulicht eine Branchenstrukturanalyse für McDonald's.

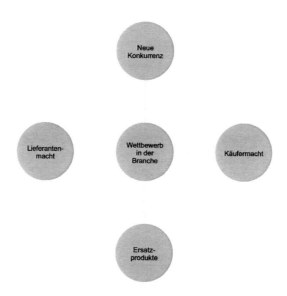

Abb. 25: Branchenstrukturanalyse nach Porter

Quelle: in Anlehnung an **Hill,** C. / **Jones,** G. (2009): Strategic Management Theory: An Integrated Approach, 9. Aufl., Mason, S. 43

Der Wettbewerb der Branche ist ganz klar durch ein Duell zwischen McDonald's und Burger King gekennzeichnet. Auch wenn McDonald's mit Abstand Marktführer ist, sprechen beide Unternehmen eine ähnliche Zielgruppe an und haben ein ähnliches Produktangebot. Gefolgt werden die beiden von Nordsee, Subway, Pizza Hut und Kentucky Fried Chicken.[180] Anführer des Wettbewerbs sind demnach die großen Franchiseunternehmen, wenngleich zahlreiche neue Konkurrenz in den Markt drängt. Ein zunehmendes To-Go-Angebot an schnellen Snacks und warmen Speisen wird durch Coffeeshops und Bäckereien offeriert. Auch Ersatzprodukte aus dem Tiefkühl- und Chilled-Segment im Handel werden stärker nachgefragt, genauso der Lieferservi-

---

[179] Vgl. **Hill,** C. / **Jones,** G. (2009): Strategic Management Theory: An Integrated Approach, 9. Aufl., Mason, S. 43.
[180] Vgl. **DEHOGA Bundesverband** (2010): Systemgastronomie in Deutschland 2010, 9. Aufl., Berlin, S. 11.

ce (vgl. Kapitel 3). Da die großen Franchiseunternehmen mit festen Lieferanten kooperieren, geht seitens der Lieferanten keine große Macht aus. Anders sieht es bei den Kunden aus. Das stetig größer werdende Angebot neuer Anbieter und der Bedarf, sich immer schneller und mobiler ernähren zu müssen, versetzen den Käufer in die Lage, aus einer Vielzahl von Angeboten wählen zu können. Schnelligkeit, Bequemlichkeit und Genuss sind dabei die ausschlaggebenden Treiber, weshalb die großen Ketten weit vorne liegen (vgl. Kapitel 2).

Zur genaueren Analyse der Hauptwettbewerber kann eine Positionierungsanalyse herangezogen werden. Hierbei wird analysiert, wie die eigene Marke im Vergleich zu den Marken der Konkurrenz positioniert ist. So lassen sich möglicherweise Nischen finden oder strategische Neupositionierungen dahingehend überprüfen, ob diese schon durch die Konkurrenz besetzt sind.[181] Abbildung 26 zeigt eine Positionierungsanalyse für das Wettbewerbsumfeld von McDonald's.

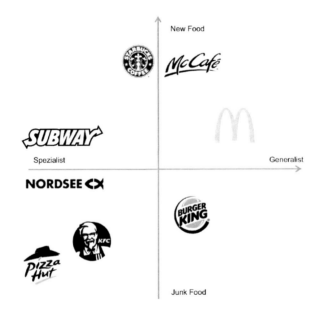

Abb. 26: Positionierungsanalyse im Wettbewerbsumfeld von McDonald's

---

[181] Vgl. **Weiss**, H.-C. (2009): Marketing ‚Ludwigshafen, S. 110.

Für die Positionierungsanalyse im Wettbewerbsumfeld von McDonald's wurden die Achsen mit gegenpoligen Begriffen beschriftet. Spezialisten wie Subway, Pizza Hut, KFC oder Nordsee haben ihr Produktangebot relativ thematisch angelegt und müssen schauen, dass sie Innovationen aus ihrer Marke heraus entwickeln. Pizza Hut steht ganz klar für Pizza, Nordsee bietet Produkte rund um Fisch an, KFC steht für Chicken Wings, wenngleich es hier bereits Beilagen und Produkterweiterungen gibt.

Auch Subway ist erst vor wenigen Jahren in Deutschland mit seinen Baguettes erfolgreich geworden. Hier ist die Tendenz auf der Y-Achse zu „New Food" da. New Food meint eine neue und moderne Art der Ernährung, bei der häufiger kalte Snacks statt warmer Mahlzeiten gegessen werden, und alle Trendprodukte wie Smoothies, Salate, Suppen, Bagels, Muffins etc. Durch die individuell belegten Baguettes kann der Konsument selbst entscheiden, wie viel von welchen Zutaten auf seinem Baguette landet, und im Zweifel so auch über Fettgehalt und Frische entscheiden.

Als die beiden Vertreter der neuen Kaffeehauskultur gelten Starbucks und McCafé. Starbucks war Pionier des To-Go-Kaffees und eröffnete den Verbrauchern erstmals neuartige Rezepturen rund um das Thema Kaffee. Mit einem Angebot aus herzhaften und süßen Backwaren wird auch der Foodbereich ausgedehnt. Dennoch bleibt Starbucks der Kaffeespezialist, während McCafé durch die Nähe zu McDonald's eher ein Generalist ist. Zwar konzentriert sich auch hier alles auf Kaffeehausspezialitäten in stilvollem Ambiente, dennoch ist das Essensangebot rund um Bagels und Muffins auch ergänzt durch Suppen, Säfte und Joghurts.

Die beiden Hauptwettbewerber McDonald's und Burger King sind, was ihre Marken betrifft, doch weiter auseinander als vermutet. Burger King weist nicht die gleiche Innovationskraft auf wie McDonald's und entwickelt neue Angebote lediglich aus dem Burger-Segment heraus. Hier wird der klassische „American Diner"-Stil weiterhin verfolgt, weshalb die Tendenz zu „Junk Food" und „Spezialist" eher gegeben ist als bei McDonald's. Hier ist in den letzten Jahren ein Bestreben zu erkennen, gemäß den Kundenbedürfnissen mehr alternative Produktinnovationen neben dem klassischen Burger-Segment zu entwickeln, die teilweise auch im Bereich der neuen Esskultur, wie Wraps und Salate, angesiedelt sind.

Die Szenarioanalyse dient der Früherkennung zukünftiger Unternehmenssituationen. Das dabei verwendete Trichtermodell zeigt alle möglichen Entwicklungen in der Zukunft an, wobei die beiden Eckwerte zwei gegenpolige Extreme darstellen. Die Szenarioanalyse eignet sich als Instrument besonders für die Langfristplanung im Unternehmen, indem sie Zukunftsbilder aufzeigt und damit vermeidet, dass die Annahme entsteht, dass die gegenwärtige Situation auch in der Zukunft Bestand hat.[182] Abbildung 27 veranschaulicht mögliche Szenarien für die Fast-Food-Branche.

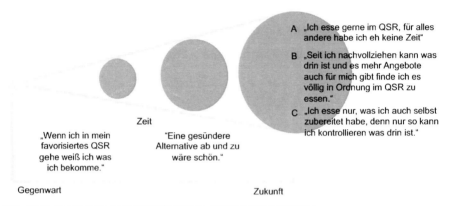

Abb. 27: Szenarioanalyse zu Zukunftsbildern der Fast-Food-Branche

Die Konsumtrends zeigen ganz deutlich, dass die Kundenbedürfnisse in der Zukunft stärker von der Vernunft getrieben sind (vgl. Kapitel 3). Das erwartete Trendszenario B zeigt zwar, dass – begünstigt durch die zunehmende Mobilität, Einpersonenhaushalte und die Berufstätigkeit von Frauen – Essen in Zukunft noch regelmäßiger schnell und verzehrfertig sein muss, allerdings möchte der Konsument von morgen dennoch die Möglichkeit haben, sich auch auf diesem Wege gesund zu ernähren. Hinzu kommt, dass der Bedarf an Wissen größer wird und Transparenz bei den Unternehmen gefordert ist, denn Nachhaltigkeit wird in einigen Jahren eine Selbstverständlichkeit sein. Das Best-Case-Szenario A sieht vor, dass trotz aller Debatten um Nachhaltigkeit und Gesundheit der Geschmack und der Genuss vorgehen und durch den Mangel an Zeit die Frequenz der QSRs von alleine ansteigt. Das Worst-Case-Szenario C geht

---

[182] Vgl. **Mietzner**, D. (2009): Strategische Vorausschau und Szenarioanalysen: Methodenevaluation und neue Ansätze, Diss., Universität Potsdam, S. 157.

davon aus, dass es den Unternehmen nicht gelingt zukünftig wieder mehr Vertrauen zu den Konsumenten aufzubauen. In der Konsequenz erlebt der Außer-Haus-Markt eine Flaute und das Selbstkochen eine Revolution, denn hier können die Konsumenten selbst bestimmen, wo die Rohstoffe herkommen und was verarbeitet wird.

Die SWOT-Analyse eignet sich dazu die Leistung des eigenen Unternehmens in Abhängigkeit des Wettbewerbsumfelds einzuschätzen. Hierbei werden die Stärken und Schwächen des Unternehmens gegen die Chancen und Risiken des Marktes gestellt. So können sich strategische Vorgehensweisen ableiten lassen.[183] Abbildung 28 visualisiert eine SWOT-Analyse für McDonald's.

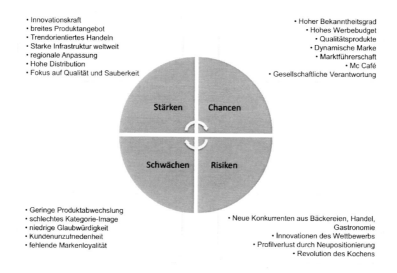

Abb. 28: SWOT-Analyse zum Status quo von McDonald's

Mit Hilfe der Analyseinstrumente sollen Lücken im vorhandenen Wissen eliminiert und Wissen generiert werden, das ohne Verdichtung der Informationen nicht zur Verfügung gestanden hätte.[184]

---

[183] Vgl. **Weiss**, H.-C. (2009): Marketing, Ludwigshafen, S. 113.
[184] Vgl. **Bruhn**, M. (2009): Marketingübungen: Basiswissen, Aufgaben, Lösungen. Selbständiges Lerntraining für Studium und Beruf, 3. Aufl., Wiesbaden, S. 329.

4.2.3.4 Berichterstattung

Sobald das generierte Wissen zur Verfügung steht, gilt es dieses an die Entscheider zu kommunizieren.[185] In dieser Phase sollten die Informationen sensibel behandelt werden, da erst entschieden werden muss, wem sie in welcher Form zugänglich gemacht werden sollen. Zudem soll vermieden werden, dass der Wettbewerb an diese Informationen gerät.[186] Ziel der Berichterstattung ist es, dass das Wissen zu Intelligence wird, das heißt zu einer entscheidungsmotivierenden Aufklärung der Entscheider.[187]

4.2.3.5 Entscheidungsfindung

Die Strategieableitung in der Entscheidungsphase sollte auf Basis des im CI-Prozess erarbeiteten Wissens, der Stärken und Schwächen des Unternehmens und der Führungskräfte sowie der internen und externen Erwartungen erfolgen. Die Entscheidung des Unternehmens soll zu einer klaren Wettbewerbsdifferenzierung führen, da das zur Verfügung gestellte Wissen die Entscheider dazu befähigt proaktiv zu handeln. Im vorliegenden Fallbeispiel wird eine Anpassung der bisherigen Strategie entschieden. Folgende strategischen Ziele werden im Falle McDonald's hypothetisch festgelegt:

- Verbesserung der Produktpalette, um mehr neue Zielgruppen zu erreichen
- Anbieten von mehr gesunden und ausgewogenen Alternativen zu hoher Qualität
- Stärkere Ausrichtung der Maßnahmen an den Kundenbedürfnissen von morgen
- Ausbau der Marktführerschaft dank hoher Innovationskraft
- Ausbau des Premiumsegments
- Stärkerer regionaler Bezug im Produktangebot
- Priorisierung der Trends rund um Gesundheit und Nachhaltigkeit

---

[185] Vgl. **Deltl**, J. (2004): Strategische Wettbewerbsbeobachtung: So sind Sie Ihren Konkurrenten laufend einen Schritt voraus, Wiesbaden, S. 67f.
[186] Vgl. **Pfaff**, D. (2005): Competitive Intelligence in der Praxis: Mit Informationen über Ihre Wettbewerber auf der Überholspur, Frankfurt am Main, S. 96f.
[187] Vgl. **Pfaff**, D. (2005): Competitive Intelligence in der Praxis: Mit Informationen über Ihre Wettbewerber auf der Überholspur, Frankfurt am Main, S. 104.

- Neue Anreize und Impulse im Produkt- und Serviceangebot

Ein CI-Prozess ist nur dann erfolgreich, wenn die gewonnenen Informationen immer wieder auf den neuesten Stand gebracht werden, da sie sonst veralten und damit keinen Nutzen mehr stiften. Wichtig ist, dass eine Beurteilung des CI-Prozesses erfolgt, um diesen weiter zu verbessern. Ein solcher Prozess lohnt sich nur dann, wenn auf Basis des generierten Wissens auch tatsächlich Entscheidungen getroffen werden. Im Idealfall ergeben sich durch den Erfolg oder Misserfolg der umgesetzten Maßnahmen neue Fragestellungen für die CI-Abteilung.[188]

4.2.3.6 Umsetzung

Um die gewonnenen Ergebnisse auch umsetzen zu können, ist es von Nöten eine Aufgabenverteilung vorzunehmen, um schnellstmöglich in die Planung der Maßnahmen einsteigen zu können. Dafür bedarf es einer meist flachen Unternehmensstruktur, um flexibel und schnell auf Marktveränderungen reagieren zu können. Zudem ist eine Mittelvergabe für einzelne Teilaufgaben sinnvoll, bevor es in die Umsetzung geht. Je nach involvierten Abteilungen oder interdisziplinären Projektteams muss eine Entscheidung darüber getroffen werden, ob Maßnahmen extern eingekauft oder intern umgesetzt werden. Kommunikationsmaßnahmen werden in großen Unternehmen beispielsweise häufig bei einer Werbeagentur eingekauft. Dies hängt selbstverständlich vom verfügbaren Budget ab, das je nach Priorität vom Controlling oder der Geschäftsführung festgelegt wird.[189]

Abbildung 29 zeigt, welche Maßnahmen im Falle von McDonald's für 2010 und 2011 aus den strategischen Entscheidungen abgeleitet wurden.

---

[188] Vgl. **Deltl**, J. (2004): Strategische Wettbewerbsbeobachtung: So sind Sie Ihren Konkurrenten laufend einen Schritt voraus, Wiesbaden, S. 116ff.

[189] Vgl. **Pfaff**, D. (2005): Competitive Intelligence in der Praxis: Mit Informationen über Ihre Wettbewerber auf der Überholspur, Frankfurt am Main, S. 119ff.

Abb. 29: Maßnahmenpaket McDonald's 2010/2011

Quelle: in Anlehnung an **McDonald's Deutschland Inc.** (2011) C: Jahresbericht 2010, http://mcdw.ilcdn.net/MDNPROG9/mcd/files/pdf1/McD_Jahresbericht_2011.pdf, Abruf: 28.04.2011

Die hypothetische Mission von McDonald's (vgl. Kapitel 4.2.2) gibt vor, dass sich McDonald's zu einer nachhaltigen Marke entwickelt. Zudem wurde die strategische Entscheidung getroffen, sich stärker an den Kundenbedürfnissen auszurichten. Nachhaltigkeit als ein großer Konsum- und Foodtrend von morgen umfasst neben umweltpolitischen Fragen auch soziale Aspekte (vgl. Kapitel 3.3.5). Bereits 2009 wurden die McDonald's-Qualitätsscouts ins Leben gerufen, um in einer großen Imagekampagne Aufklärung über die Beschaffung der Rohstoffe bei McDonald's zu leisten.[190] Der regionale Bezug von Rohstoffen, die keine gewaltigen CO_2-Emissionen bündeln und die lokale Landwirtschaft fördern, steht auch auf der Agenda für 2010/2011. So sollen alle Burger in Deutschland zu 100% mit Rindfleisch aus Deutschland bestückt werden. Zudem wurden bereits 2010 zu Informationszwecken McDonald's- Marktstände auf Wochenmärkten aufgebaut, um die Bedeutung von Frische, regionalem Bezug und Qualität zu dokumentieren.[191]

---

[190] Vgl. **Bruhn,** M. / **Esch,** F.-R. / **Langer,** T. (2009): Handbuch Kommunikation, Wiesbaden, S. 553.
[191] Vgl. **McDonald's Deutschland Inc.** (2011) C: Jahresbericht 2010, http://mcdw.ilcdn.net/MDNPROG9/mcd/files/pdf1/McD_Jahresbericht_2011.pdf, Abruf: 28.04.2011.

Abbildung 30 zeigt Bilder der Aktion und die aktuellen Zahlen zum Thema regionaler Bezug.

Abb. 30: McDonald's-Aktion zum regionalen Bezug von Rohstoffen
Quelle: in Anlehnung an **McDonald's Deutschland Inc.** (2011) C: Jahresbericht 2010, http://mcdw.ilcdn.net/MDNPROG9/mcd/files/pdf1/McD_Jahresbericht_2011.pdf, Abruf: 28.04.2011

McDonald's plant den Ausbau von umweltpolitischen Aspekten und wird diese ab 2011 in einem jährlichen CR-Bericht veröffentlichen. Im Zusammenhang mit Nachhaltigkeit setzt das Unternehmen auch auf soziale und bildungspolitische Aspekte. Die Stiftung für Kinderhilfe ist bereits seit Jahrzehnten fester Bestandteil des Konzerns und ein neues Bildungsprogramm hat dafür gesorgt, dass künftig im Unternehmen duale Bachelorstudiengänge möglich sind und darüber hinaus Ausbildungsplätze unabhängig von Herkunft, Bildungsabschluss und Geschlecht angeboten werden.[192]

Ausgehend von den Konsumtrends Nachhaltigkeit und Gesundheit und dem Foodtrend des neuen Genusses sind Maßnahmen gerade im Produkt- und Servicebereich geplant. Die neue Premium Range rund um die McWraps vereint Frische, hochwertige Zutaten und eine ausgewogene und gesunde Ernährung. Durch eine Promotion namens „My Burger" konnten 2010 zudem die Konsumenten online ihren eigenen Burger kreieren. Der Gewinner-Burger wird 2011 in die Serienproduktion gehen und deutschlandweit in den Filialen zu erwerben sein. Die Aktion bediente die Trends des Dialogs und der Individualisierung (vgl. Kapitel 3).

Im Trend des neuen Genusses möchten Konsumenten von morgen Vernunft und Genuss miteinander kombinieren können, das heißt auf nichts verzichten zu müssen. Auch das visuelle Erlebnis spielt dabei eine große Rolle. In diesem Zuge hat McDo-

---

[192] Vgl. **McDonald's Deutschland Inc.** (2011) B: Jahrespressekonferenz, http://81.173.245.27/ext/mcd_livecast/de/stream.php, Abruf: 27.04.2011.

nald's bereits 2010 zwei Flagship Stores in Hannover und am Checkpoint Charly in Frankfurt eröffnet, um zu verdeutlichen, wie in den kommenden Jahren die Filialen einheitlich modernisiert werden. Die Marke McCafé zeigt bereits seit 2005, wie das Design der Zukunft Genuss, Mobilität und Convenience unter einen Hut bringt. Abbildung 31 bietet Eindrücke der neuen Designs.

Abb. 31: Neues Design für die McDonald's-Filialen
Quelle: in Anlehnung an **McDonald's Deutschland Inc.** (2011) C: Jahresbericht 2010,
http://mcdw.ilcdn.net/MDNPROG9/mcd/files/pdf1/McD_Jahresbericht_2011.pdf, Abruf: 28.04.2011

Wie das Unternehmensergebnis von 2010 bewiesen hat, ist die neue strategische Positionierung von McDonald's ein Erfolg.[193] Durch die Ausrichtung an den Konsumtrends von morgen scheinen die Verbraucher Vertrauen zu fassen und Markenloyalität aufzubauen.

4.3 Zwischenfazit

Wie das begleitende Fallbeispiel von McDonald's zeigt, kann CI dabei helfen entscheidende Wettbewerbsvorteile für ein Unternehmen zu generieren. Auch wenn unterstellt werden kann, dass es auch ohne Integration einer CI-Abteilung möglich ist strategische Entscheidungen zu treffen und die richtigen Maßnahmen abzuleiten, liefert CI einen strukturierten Prozess, der Entscheidungen vorbereitet, deren Sinnhaftigkeit argumentativ belegt und dazu führt, dass konkrete Maßnahmen daraus abgeleitet und umgesetzt werden, und das in Abhängigkeit des Wettbewerbs. Die CI-Abteilung liefert Frühwarnsignale, um die Aktivitäten des Wettbewerbs zu erahnen und schnellstmög-

---

[193] Vgl. **McDonald's Deutschland Inc.** (2011) C: Jahresbericht 2010,
http://mcdw.ilcdn.net/MDNPROG9/mcd/files/pdf1/McD_Jahresbericht_2011.pdf, Abruf: 28.04.2011.

lich Gegenmaßnahmen ergreifen zu können. Nur wer sein wirtschaftliches Umfeld, den Markt, die gesellschaftlichen Rahmenbedingungen, den Konsumenten und den Wettbewerb kennt, weiß, wie er zu interagieren hat. Competitive Intelligence liefert ein Regelwerk und ein Instrument, das gerade in starren Organisationsformen für Dynamik und Flexibilität im Topmanagement sorgt.

Am Beispiel von McDonald's ist zu erkennen, dass der Plan, die Marke zu modernisieren und das fettige, ungesunde Image von Fast Food abzuschütteln, aufgegangen ist. Strategische Entscheidungen und Maßnahmen ergeben eine sehr gute Passung zu den bereits erarbeiteten Trends im Markt und Konsum der Zukunft.

5 Empirische Erhebung zum Fast-Food-Konsum

Im Rahmen der vorliegenden Arbeit wurde eine empirische Untersuchung zum Stellenwert von Fast Food durchgeführt. Nach einer kurzen Einleitung zur Zielsetzung der Untersuchung erfolgt die Darstellung des Forschungsdesigns auf Basis theoretischer Marktforschungsgrundlagen. Anschließend findet die Dokumentation der Ergebnisse statt, die grafisch gestützt und interpretiert werden. Die Erkenntnisse der empirischen Untersuchung gehen nachfolgend in das sechste Kapitel ein, die Schlussbetrachtung.

5.1 Zielsetzung der Erhebung

Eine Studie aus dem Jahr 2007 zur Entwicklung einer Typologie von Fast-Food-Nutzern hat gezeigt, dass zwar fast 90% der Befragten Fast Food essen, allerdings jeden Vierten danach ein schlechtes Gewissen plagt.[194]

Bezugnehmend auf dieses Ergebnis ist das Ziel der vorliegenden empirischen Untersuchung, Gründe für dieses schlechte Gewissen zu identifizieren. Mit Hilfe der gewonnenen Erkenntnisse soll parallel zur Zielsetzung der Abhandlung eine Aussage darüber getroffen werden können, welche Maßnahmen aus Sicht der Fast-Food-Unternehmen ergriffen werden können, um dem Konsumenten von morgen nicht nur ein besseres Angebot zu machen, sondern ihn auch psychisch zu befriedigen.

5.2 Anlage der empirischen Forschung

Nachfolgend wird das Forschungsdesign der empirischen Untersuchung dargestellt. Der Aufbau erfolgt in Anlehnung an den 7D-Prozess von Pfaff.[195]

---

[194] Vgl. **Focus Online** (2007): Genuss mit Gewissensbissen, http://www.focus.de/gesundheit/ernaehrung/news/fastfood-studie_aid_139319.html, Abruf: 18.04.2011.
[195] Vgl. **Pfaff**, D. (2005): Marktforschung: Wie Sie Erfolg versprechende Zielgruppen finden, Berlin, S. 10f.

5.2.1 Untersuchungsdesign

Die Durchführung der Untersuchung erfolgte als Befragung mit Hilfe eines webbasierten, schriftlichen Fragebogens. Zur Programmierung des Fragebogens, zur Befragung selbst und zur Generierung des Datensatzes wurde das Programm EFS Survey von der Global Park AG genutzt. In der Pretestphase überzeugte es durch eine gute videogestützte Einführung, eine benutzerfreundliche Navigation und einen breiten Katalog an Personalisierungsmaßnahmen. Der Link zur Befragung wurde per E-Mail versandt mit der Aufforderung zur Teilnahme an der Befragung.

Neben standardisierten, demographischen Fragen wurden Fragen mit Einzelauswahl, Mehrfachauswahl und mit teilweiser, individueller Antwortmöglichkeit zur Verwendungsintensität, Präferenz von Konsumorten, zu Motivationen und zum Image von Fast Food gestellt.

Abbildung 32 zeigt den Untersuchungssteckbrief zur vorliegenden empirischen Untersuchung.

Untersuchungssteckbrief	
Methode	webbasierter, schriftlicher Fragebogen
Grundgesamtheit	in Deutschland lebende Bürger in Privathaushalten ab 14 Jahre
Stichprobenziehung	Einfache Zufallsauswahl
Stichprobe	Brutto = 351 Netto = 307 Beendet = 262
Feldzeit	04.04. – 15.04.2011
Auswertung	univariate und bivariate Auswertungen
Software	Global Park AG (EFS Survey Version 6.0) SPSS (Version 19.0)

Abb. 32: Untersuchungssteckbrief der empirischen Untersuchung

5.2.2 Datengewinnung

Die Einladungen zur Teilnahme an der Onlinebefragung wurden über mehrere Kanäle schriftlich kommuniziert. Über den deutschlandweiten E-Mail-Verteiler einer internationalen Werbeagentur wurden ca. 500 Personen angeschrieben. Zudem wurde über Foreneinträge in dem sozialen Netzwerk Facebook eine weitere, nicht quantifizierbare Menge an Personen generiert. Zuletzt wurden Teilnehmer aus dem Familien- und Bekanntenkreis per E-Mail kontaktiert mit der Bitte, den Link zur Teilnahme am Fragebogen auch an Dritte weiterzuleiten.

Die Bruttoteilnahme lag bei 351 Teilnehmern. Die Beendigungsquote lag bei 262 Teilnehmern. Die Stichprobe und der Teilnehmerquerschnitt liefern keine für die Gesamtbevölkerung repräsentativen Ergebnisse, da weder die Altersstruktur noch die geschlechtliche Verteilung dem Durchschnitt entspricht. Die Befunde liefern somit eine Art Stimmungsbarometer, die Repräsentativität wurde im Vorfeld nicht als erforderlich definiert.

5.2.3 Datenauswertung

Die Evaluation der exportierten Datensätze erfolgte in der Statistiksoftware SPSS. Die Auswertung wurde mit Hilfe von Kreuztabellenvergleichen durchgeführt. Die grafische Dokumentation wurde in Microsoft Excel 2007 angefertigt.

5.2.4 Datendokumentation

Die zur Dokumentation und Veranschaulichung genutzten Grafiken und Tabellen wurden in Microsoft Excel 2007 erstellt. Alle ausgewerteten SPSS-Daten sind in auf CD-ROM in der Anlage zu finden.

5.3 Untersuchungsergebnisse

Nachfolgend werden die ermittelten Resultate dargestellt und interpretiert.

5.3.1 Persönliche Angaben

Die demografische Struktur der durch Zufall ausgewählten Befragten bildet den gesellschaftlichen Trend deutlich ab. 61,9% der Befragten sind zwischen 20 und 34 Jahre alt, 68,1% der Befragten sind entweder Single oder leben in einem Haushalt ohne Kinder. Zudem sind 71,9% der Befragten vollzeit- oder teilzeitberufstätig. Ein Indiz für den demographischen Wandel in Deutschland und immer mehr berufstätige, kinderlose Frauen ist auch, dass unter den bisherigen Bedingungen 62,2% der Befragten weiblich sind und 69,5% in der Stadt leben. Abbildung 33 stellt die demographische Struktur der Befragten dar.

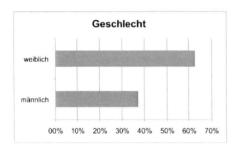
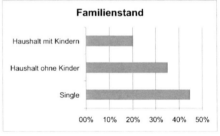
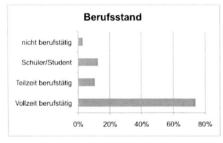
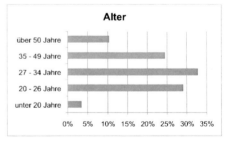

Abb. 33: Demographische Struktur der Befragten (n = 262)

5.3.2 Image

Zu Beginn der Befragung wurde zunächst ein Stimmungsbild zur Erhebung des aktuellen Images von Fast Food im Allgemeinen anhand von freien Nennungen abgefragt. Abbildung 34 zeigt eine so genannte Word Cloud, eine Wolke aus Begriffsnennungen. Je größer die Begriffe sind, desto häufiger wurden sie genannt.

Abb. 34: Stimmungsbild zum Image von Fast Food (n = 262)

Wie das Stimmungsbild zeigt, gilt der Weltkonzern McDonald's als Stellvertreter der gesamten Fast-Food-Kategorie. Fast Food ist für die meisten Befragten in erster Linie mit klassischen Mahlzeiten wie Burger oder Fritten verbunden, gefolgt von der für Deutschland typischen Currywurst und Pizza. Aber auch der türkische Döner wird inzwischen spontan unter Fast Food gefasst.

Wenn es um Eigenschaften geht, die die Befragten mit Fast Food in Verbindung bringen, ist der Begriff in der Tendenz eher mit negativen Aspekten besetzt. Ungesund und fettig scheinen die Gerichte zu sein, die den Befragten zum Thema einfallen. Dafür geht es aber auch schnell, ist bequem und schmeckt lecker. Die Nennungen lassen darauf schließen, dass Fast Food gesellschaftlich nicht akzeptiert ist.

5.3.3 Konsumhäufigkeit

Fast Food scheint ein Phänomen der neuen Generationen zu sein. Die Befragung hat gezeigt, dass 78,8% der unter 20-Jährigen regelmäßig Fast Food konsumiert, hingegen geben nur 14,8% der über 50-Jährigen an regelmäßig Fast Food zu essen. Abbildung 35 zeigt, dass die Regelmäßigkeit des Fast-Food-Konsums mit steigendem Alter abnimmt.

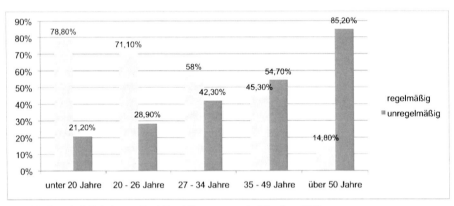

Abb. 35: Regelmäßigkeit von Fast-Food-Konsum nach Alter (n = 262)

Zudem belegt Abbildung 36, dass die Regelmäßigkeit von Fast-Food-Konsum auch etwas mit dem Lebensraum zu tun hat. Während außerhalb der Stadt weniger häufig konsumiert wird, steigt der Anteil im urbanen Lebensraum an.

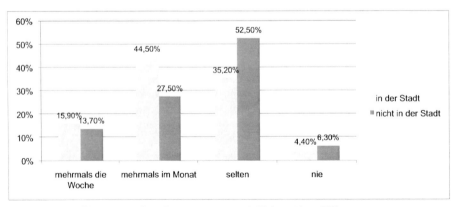

Abb. 36: Regelmäßigkeit von Fast-Food-Konsum nach Wohnort (n = 262)

Während der Konsum von schnellem, mobilem Essen für die jüngeren Befragten wohl selbstverständlich ist, ist es für die älteren Befragten doch eher die Ausnahme. Die Dynamik und Schnelllebigkeit der Städte scheinen diesen Trend noch zu unterstützen.

5.3.4 Motivation

Die Frage nach den Gründen, warum Fast Food konsumiert wird, wurde von den Konsumenten sehr eindeutig beantwortet. Für über die Hälfte aller Befragten (55,7%) ist der Konsum von Fast Food eine Notlösung, wenn die Zeit knapp ist, denn nahezu die Hälfte aller Befragten (40,7%) geben an, dass sie lieber darauf verzichten, da sie Fast Food für zu ungesund halten.

Verwunderlich ist, dass sich in Abhängigkeit von der Demographie keine Präferenzen zeigen, wie exemplarisch Abbildung 37 zeigt.

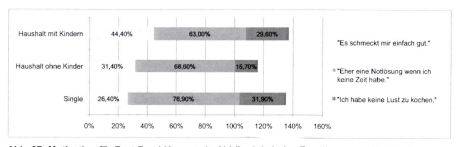

Abb. 37: Motivation für Fast-Food-Konsum in Abhängigkeit des Familienstands (n = 262)

Auf Grund der Signifikanz, mit der Haushalte mit Kindern angeben, dass sie Fast Food konsumieren, weil es ihnen einfach gut schmeckt (44,4%), kann die These aufgestellt werden, dass viele Befragten diese Art von Fragen nicht ehrlich beantworten, da der Konsum von Fast Food keine gesellschaftliche Akzeptanz findet und mit einem negativen Image belegt ist, wie das Stimmungsbild eingangs gezeigt hat. Möglicherweise ist der Fakt, dass fast die Hälfte (40,7%) Fast Food „auf die Hand" essen, statt im Schnellrestaurant vor Ort zu essen, auch ein Indiz dafür, dass Fast-Food-Konsum auf eine Art verpönt ist, dass die Befragten sich möglichst kurzweilig dem Konsum hingeben wollen.

Haushalte mit Kindern können sich über die Beliebtheit von Fast Food bei ihren Kindern rechtfertigen und geben möglicherweise aus dem Grund überdurchschnittlich oft an, Fast Food gerne zu mögen. Ähnlich verhält sich die Sachlage in Kombination mit anderen demographischen Daten wie dem Berufsstand und dem Alter.

Basierend auf diesen Ergebnissen kann die Erkenntnis gewonnen werden, dass alle Befragten im gleichen Zwiespalt stecken. Fast Food bietet zwar den eindeutigen Vorteil, dass es schnell geht, mobil und bequem ist, dennoch die Konsumenten von ihrer Wahl nicht überzeugt sind. Abbildung 38 zeigt, dass als Grund gegen den Konsum von Fast Food hauptsächlich Gesundheitsaspekte angegeben werden.

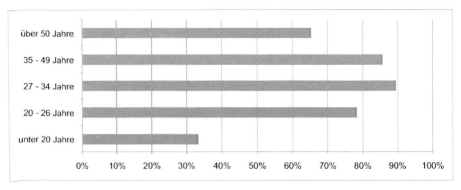

Abb. 38: Gründe für den Verzicht von Fast Food nach Alter (n = 262)

Lediglich die unter 20-Jährigen scheinen bei der gesundheitlichen Frage weniger Bedenken zu haben (33,3%).

5.3.5 Konsumintensivierung

Es ist kaum verwunderlich, dass bei der Frage, unter welchen Bedingungen die Befragten ihren Konsum von Fast Food intensivieren würden, mehr als die Hälfte (50,7%) angeben, dass sie darüber nachdenken würden, wenn es gesündere Alternativen gäbe. Abbildung 39 belegt die klare Dominanz von gesundheitlichen Aspekten bei einer möglichen Intensivierung des Fast-Food-Konsums.

Während der Konsum von schnellem, mobilem Essen für die jüngeren Befragten wohl selbstverständlich ist, ist es für die älteren Befragten doch eher die Ausnahme. Die Dynamik und Schnelllebigkeit der Städte scheinen diesen Trend noch zu unterstützen.

5.3.4 Motivation

Die Frage nach den Gründen, warum Fast Food konsumiert wird, wurde von den Konsumenten sehr eindeutig beantwortet. Für über die Hälfte aller Befragten (55,7%) ist der Konsum von Fast Food eine Notlösung, wenn die Zeit knapp ist, denn nahezu die Hälfte aller Befragten (40,7%) geben an, dass sie lieber darauf verzichten, da sie Fast Food für zu ungesund halten.

Verwunderlich ist, dass sich in Abhängigkeit von der Demographie keine Präferenzen zeigen, wie exemplarisch Abbildung 37 zeigt.

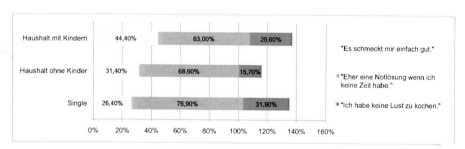

Abb. 37: Motivation für Fast-Food-Konsum in Abhängigkeit des Familienstands (n = 262)

Auf Grund der Signifikanz, mit der Haushalte mit Kindern angeben, dass sie Fast Food konsumieren, weil es ihnen einfach gut schmeckt (44,4%), kann die These aufgestellt werden, dass viele Befragten diese Art von Fragen nicht ehrlich beantworten, da der Konsum von Fast Food keine gesellschaftliche Akzeptanz findet und mit einem negativen Image belegt ist, wie das Stimmungsbild eingangs gezeigt hat. Möglicherweise ist der Fakt, dass fast die Hälfte (40,7%) Fast Food „auf die Hand" essen, statt im Schnellrestaurant vor Ort zu essen, auch ein Indiz dafür, dass Fast-Food-Konsum auf eine Art verpönt ist, dass die Befragten sich möglichst kurzweilig dem Konsum hingeben wollen.

Haushalte mit Kindern können sich über die Beliebtheit von Fast Food bei ihren Kindern rechtfertigen und geben möglicherweise aus dem Grund überdurchschnittlich oft an, Fast Food gerne zu mögen. Ähnlich verhält sich die Sachlage in Kombination mit anderen demographischen Daten wie dem Berufsstand und dem Alter.

Basierend auf diesen Ergebnissen kann die Erkenntnis gewonnen werden, dass alle Befragten im gleichen Zwiespalt stecken. Fast Food bietet zwar den eindeutigen Vorteil, dass es schnell geht, mobil und bequem ist, dennoch die Konsumenten von ihrer Wahl nicht überzeugt sind. Abbildung 38 zeigt, dass als Grund gegen den Konsum von Fast Food hauptsächlich Gesundheitsaspekte angegeben werden.

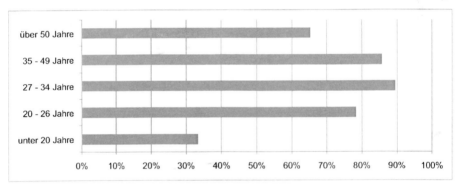

Abb. 38: Gründe für den Verzicht von Fast Food nach Alter (n = 262)

Lediglich die unter 20-Jährigen scheinen bei der gesundheitlichen Frage weniger Bedenken zu haben (33,3%).

5.3.5 Konsumintensivierung

Es ist kaum verwunderlich, dass bei der Frage, unter welchen Bedingungen die Befragten ihren Konsum von Fast Food intensivieren würden, mehr als die Hälfte (50,7%) angeben, dass sie darüber nachdenken würden, wenn es gesündere Alternativen gäbe. Abbildung 39 belegt die klare Dominanz von gesundheitlichen Aspekten bei einer möglichen Intensivierung des Fast-Food-Konsums.

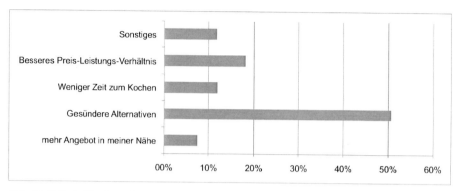

Abb. 39: Gründe für eine mögliche Konsumintensivierung (n = 262)

Das Resultat der empirischen Untersuchung zeigt, dass eine sehr klare Diskrepanz zwischen der Regelmäßigkeit, mit der Fast Food konsumiert wird, und den Gründen, warum Fast Food gegessen wird, besteht. Und das unabhängig von der Demographie. Die Ergebnisse deuten darauf hin, dass es entweder ein Problem der Anerkennung von Fast Food in der Öffentlichkeit gibt, so dass sich viele gar nicht trauen offen zu ihrem Konsum zu stehen, oder der regelmäßige Konsum von Fast Food unbefriedigend ist, da keine gesunden Alternativen für die schnelle, unkomplizierte Nahrungsaufnahme unterwegs zur Verfügung stehen.

6 Schlussbetrachtung

Dieser Beitrag hat die Foodtrends von morgen umfassend dargelegt und den Zusammenhang zu den gesellschaftlichen Herausforderungen der Zukunft hergestellt. Anhand einer Momentaufnahme des Fast-Food-Marktes sowohl auf internationaler als auch nationaler Basis und mittels einer empirischen Untersuchung zum Umgang mit Fast Food bei den Konsumenten wurden Optionen für die Fast-Food-Branche abgesteckt. Diese Optionen wurden mit Hilfe des Competitive-Intelligence-Ansatzes aufgezeigt, dessen Prozess mittels eines Fallbeispiels erläutert wurde. Die Ergebnisse werden im Folgenden zusammengefasst.

6.1 Zusammenfassung

Grundsätzlich lässt sich erkennen, dass es einen engen Zusammenhang zwischen den gesellschaftlichen Herausforderungen und dem Essverhalten in Zukunft geben wird.

Die Trends im Konsum im Allgemeinen und im Food im Speziellen bewegen sich im Spannungsverhältnis zwischen Disziplin und Belohnung. Die zunehmende Komplexität der Welt durch wachsende Mobilität, Globalisierung, Berufstätigkeit von Müttern, technologische Innovationen und den demographischen Wandel in Richtung einer alternden Gesellschaft und immer mehr Einpersonenhaushalte hat die gewohnten Strukturen in den letzten Jahren ins Ungleichgewicht gebracht, so dass der Konsument von morgen wieder nach stärkerer Orientierung sucht.

Dem Konsument von morgen ist bereits heute bewusst, dass das Wirtschaften der Vergangenheit für Gesellschaft, Politik und vor allem die Umwelt erhebliche Probleme mit sich gebracht hat. Nachhaltigkeit, Vertrauen, Transparenz und Gesundheit sind die großen Themen der Zukunft. Der Konsument von morgen möchte seinen Beitrag dazu leisten, sich dafür aber auch selbst belohnen. Eine neue Art des Genusses, der mit allen Sinnen und Verstand funktioniert, wird einen Gegenpol zum rationalen beruflichen Leben bilden.

Für Fast-Food-Unternehmen könnten die Zeiten nicht besser sein, denn mehr denn je sind verzehrfertige Convenience-Gerichte für den mobilen Verzehr gefragt, denn die Nahrungsaufnahme muss in Zukunft noch schneller und bequemer gehen und simultan mit anderen Beschäftigungen ablaufen. Doch die Ergebnisse der empirischen Untersuchung zeigen ganz klar, dass aktuell das Konzept der Fast-Food-Unternehmen die Konsumenten nicht zufrieden stellt. Der wachsende Markt und die Regelmäßigkeit, mit der Fast Food konsumiert wird, begründen sich in erster Linie dadurch, dass keine Alternativen für eine schnelle Nahrungsaufnahme bestehen, auf die der Konsument zurückgreifen kann. Zwischen den Trends, die in der vorliegenden Arbeit aufgezeigt wurden, und den Wünschen, die die Konsumenten von morgen haben, besteht heute noch eine große Diskrepanz.

McDonald's ist wohl das einzige Fast-Food-Unternehmen, das sich strategisch auf die zukünftigen Bedürfnisse der Konsumenten eingestellt und damit in den vergangenen Jahren den Wettbewerb hinter sich gelassen hat und unangefochtener Marktführer ist. Um solch einen Wettbewerbsvorsprung zu erzielen, wurde das Konzept der Competitive Intelligence vorgestellt. Mittels teils hypothetischer und teils realer Beispiele wurde der Prozess der Competitive Intelligence anhand von McDonald's aufgezeigt und eine Fast-Food-Strategie für den Konsumenten von morgen abgeleitet.

Abbildung 40 fast die Ergebnisse der vorliegenden Ausarbeitung zusammen.

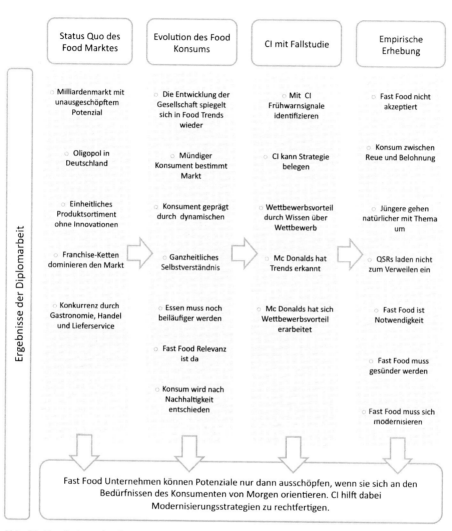

Abb. 40: Ergebnisse der Studie

6.2 Kritische Würdigung

Bei Betrachtung dieser Abhandlung ist zunächst festzustellen, dass die Zielsetzung erarbeitet und erreicht wurde.

Der Zusammenhang zwischen Konsum- und Foodtrends wurde hergestellt und ein Zukunftsbild des Konsums von morgen aufgezeigt. Wie Competitive Intelligence Fast-Food-Unternehmen bei der Strategiefindung helfen kann, wurde ebenfalls beantwortet.

Es ist jedoch anzumerken, dass sich ein Fallbeispiel zur Erläuterung des CI-Prozesses nicht in allen Prozessschritten als hilfreich erwiesen hat. Einige Ausführungen zu McDonald's mussten mangels Informationen hypothetisch erarbeitet werden, um dennoch das theoretische Vorgehen der einzelnen Prozessschritte nachvollziehbar und verständlich abzubilden. Andere Ausführungen zu McDonald's konnten recherchiert werden, weil sie vom Unternehmen bereits umgesetzt wurden. In der Konsequenz sind einige Beispiele aus diesem Grund weniger zukunftsgerichtet.

Die Erkenntnis der empirischen Untersuchung mittels eines computergestützten schriftlichen Fragebogens, dass sich unabhängig von der Demographie bei fast allen Befragten die gleichen Antworten ergaben, lässt die Ergebnisse der Untersuchung anzweifeln. In dem Zusammenhang wäre eine qualitative Befragung mittels einer Gruppendiskussion oder Einzelinterviews sinnvoller gewesen, um so tiefenpsychologische Motive für die Diskrepanz zwischen der Regelmäßigkeit des Fast-Food-Konsums und der gleichzeitigen emotionalen Ablehnung des Fast-Food-Konsums zu erarbeiten und so genauere Erkenntnisse zu gewinnen.

Wegen der Vorgaben zur Beschränkung des Umfangs der Arbeit wird bezüglich der Ausführungen zu den Trends kein Anspruch auf Vollständigkeit erhoben. Die Auswahl der Trends wurde durch den Verfasser vorgenommen und ist daher rein subjektiv.

6.3 Ausblick

Fast-Food-Unternehmen müssen sich darauf einstellen, dass sie in Zukunft auf einen aufgeklärten, anspruchsvollen Konsumenten stoßen, der darüber entscheidet, ob ein Unternehmen Erfolg oder Misserfolg haben wird. Zur Not wird diese Entscheidung auch öffentlich im Internet unter den Usern diskutiert und ausgetragen. Konsumenten wollen Unternehmen wieder vertrauen können und fordern ein, dass diese Orientierung und Wissen vermitteln. Essen muss schnell, bequem und unkompliziert sein in der Welt von morgen, soll indes nachhaltig, gesund und genussvoll sein.

Es erscheint sinnvoll frühzeitig die Weichen zu stellen, um diesem Konsumenten von morgen ein Angebot machen zu können und nicht den Anschluss zu verlieren. Competitive Intelligence kann dabei helfen den Wettbewerb zu durchleuchten und bevorstehende Veränderungen im Markt frühzeitig zu erkennen, um Gegenmaßnahmen einzuleiten. Wer den Markt, das wirtschaftliche Umfeld, die Konsumenten und den Wettbewerb kennt, hat die besten Voraussetzungen, auch unter den zukünftigen Bedingungen unternehmerisch erfolgreich zu sein. In Sachen Fast Food zeigt McDonald's bereits seit einigen Jahren, wie es geht. Die Umsatz- und Gästezahlen beweisen es im aktuellen Jahresbericht.[196]

---

[196] Vgl. **McDonald's Deutschland Inc.** (2011) C: Jahresbericht 2010, http://mcdw.ilcdn.net/MDNPROG9/mcd/files/pdf1/McD_Jahresbericht_2011.pdf, Abruf: 28.04.2011.

Anhang

Auf den folgenden Seiten ist der Anhang dieser Studie zu finden.

Fragebogen

Frage 1: Nennen Sie 5 Begriffe, die Ihnen spontan in den Sinn kommen, wenn Sie an das Thema 'Fast Food' denken.

1.
2.
3.
4.
5.

Frage 2: Wie häufig essen Sie durchschnittlich Fast Food?

- mehrmals die Woche
- mehrmals im Monat
- ab und zu
- nie

Frage 3: Warum essen Sie kein Fast Food?

- zu teuer
- zu ungesund
- koche selbst
- schmeckt mir nicht

Sonstiges:

Frage 4: Wo essen Sie vorzugsweise Fast Food?

- Unterwegs im Schnellrestaurant (Ich esse vor Ort)
- Ich hole mir etwas 'Auf die Hand' (mitnehmen)
- Ich bestelle mir etwas von zu Hause per Lieferservice
- Ich nehme mir etwas aus dem Supermarkt mit (Fertiggericht)

Frage 5: Aus welchem Grund greifen Sie zu Fast Food?

- Es schmeckt mir einfach gut
- Eher eine Notlösung, wenn ich keine Zeit habe
- Es ist praktisch, weil ich keine Lust habe zu kochen

Sonstiges:

Frage 6: Was würde Sie dazu bewegen, öfter Fast Food zu essen?

- wenn es mehr Angebote in meiner Nähe gäbe
- wenn es gesündere Alternativen gäbe
- wenn ich weniger Zeit hätte zu kochen
- wenn das Preis-Leistungs-Verhältnis besser wäre

Sonstiges:

Frage 7: **Wie ist Ihr Familienstand?**

☐ Single
☐ Haushalt ohne Kinder
☐ Haushalt mit Kindern

Frage 8: **Wie ist Ihr Berufsstand?**

☐ Vollzeit berufstätig
☐ Teilzeit berufstätig
☐ Schüler/Student
☐ nicht berufstätig

Frage 9: **Sind Sie männlich oder weiblich?**

☐ weiblich
☐ männlich

Frage 10: **Wie alt sind Sie?**

☐ unter 18 Jahre
☐ 19 - 25 Jahre
☐ 26 - 32 Jahre
☐ 33 - 39 Jahre
☐ 40 - 46 Jahre
☐ 47 - 53 Jahre
☐ 54 - 60 Jahre
☐ 60 Jahre und älter

Frage 11: **Wie leben Sie?**

☐ in der Stadt
☐ in einem Vorort
☐ auf dem Land

Kreuztabellen

Häufigkeit

		Häufigkeit	Prozent	Gültige Prozente	Kumulierte Prozente
Gültig	Mehrmals die Woche	42	13,7	15,8	15,8
	Mehrmals im Monat	104	33,9	39,1	54,9
	selten	107	34,9	40,2	95,1
	nie	13	4,2	4,9	100,0
	Gesamt	266	86,6	100,0	
Fehlend	-77	41	13,4		
Gesamt		307	100,0		

Häufigkeiten von $Gruendecon

		Antworten		Prozent der Fälle
		N	Prozent	
Warum essen Sie kein Fast Food?[a]	zu teuer	25	10,4%	20,3%
	zu ungesund	98	40,7%	79,7%
	Ich koche lieber selbst	58	24,1%	47,2%
	schmeckt mir nicht	35	14,5%	28,5%
	Sonstiges	25	10,4%	20,3%
Gesamt		241	100,0%	195,9%

a. Dichotomie-Gruppe tabellarisch dargestellt bei Wert 1.

Wo

		Häufigkeit	Prozent	Gültige Prozente	Kumulierte Prozente
Gültig	Im Schnellrestaurant	87	28,3	34,4	34,4
	Auf die Hand (unterwegs)	113	36,8	44,7	79,1
	Zu Hause (Lieferservice, Fertiggericht)	53	17,3	20,9	100,0
	Gesamt	253	82,4	100,0	
Fehlend	-77	54	17,6		
Gesamt		307	100,0		

Häufigkeiten von $Gruendepro

		Antworten		Prozent der Fälle
		N	Prozent	
Warum essen Sie Fast Food?[a]	Es schmeckt mir einfach gut	74	23,3%	30,1%
	Eher eine Notlösung, wenn ich keine Zeit habe	177	55,7%	72,0%
	Ich habe keine Lust zu kochen	67	21,1%	27,2%
Gesamt		318	100,0%	129,3%

a. Dichotomie-Gruppe tabellarisch dargestellt bei Wert 1.

Häufigkeiten von $Beweggruende

		Antworten		Prozent der Fälle
		N	Prozent	
Was würde Sie zu mehr Fast Food bewegen?[a]	mehr Angebot in meiner Nähe	31	7,5%	11,9%
	gesündere Alternativen	209	50,7%	80,4%
	weniger Zeit zum kochen	49	11,9%	18,8%
	besseres Preis-Leistungs-Verhältnis	75	18,2%	28,8%
	Sonstiges:	48	11,7%	18,5%
Gesamt		412	100,0%	158,5%

a. Dichotomie-Gruppe tabellarisch dargestellt bei Wert 1.

Familienstand

		Häufigkeit	Prozent	Gültige Prozente	Kumulierte Prozente
Gültig	Single	117	38,1	44,7	44,7
	Haushalt ohne Kinder	92	30,0	35,1	79,8
	Haushalt mit Kindern	53	17,3	20,2	100,0
	Gesamt	262	85,3	100,0	
Fehlend	-77	45	14,7		
Gesamt		307	100,0		

Berufsstand

		Häufigkeit	Prozent	Gültige Prozente	Kumulierte Prozente
Gültig	Vollzeit berufstätig	194	63,2	74,0	74,0
	Teilzeit berufstätig	27	8,8	10,3	84,4
	Schüler/Student	33	10,7	12,6	96,9
	nicht berufstätig	8	2,6	3,1	100,0
	Gesamt	262	85,3	100,0	
Fehlend	-77	45	14,7		
Gesamt		307	100,0		

Geschlecht

		Häufigkeit	Prozent	Gültige Prozente	Kumulierte Prozente
Gültig	männlich	98	31,9	37,4	37,4
	weiblich	164	53,4	62,6	100,0
	Gesamt	262	85,3	100,0	
Fehlend	-77	45	14,7		
Gesamt		307	100,0		

Alter

		Häufigkeit	Prozent	Gültige Prozente	Kumulierte Prozente
Gültig	unter 20 Jahre	9	2,9	3,4	3,4
	20 - 26 Jahre	76	24,8	29,0	32,4
	27 - 34 Jahre	86	28,0	32,8	65,3
	35 - 49 Jahre	64	20,8	24,4	89,7
	über 50 Jahre	27	8,8	10,3	100,0
	Gesamt	262	85,3	100,0	
Fehlend	-77	45	14,7		
Gesamt		307	100,0		

Wohnort

		Häufigkeit	Prozent	Gültige Prozente	Kumulierte Prozente
Gültig	in der Stadt	182	59,3	69,5	69,5
	nicht in der Stadt	80	26,1	30,5	100,0
	Gesamt	262	85,3	100,0	
Fehlend	-77	45	14,7		
Gesamt		307	100,0		

Häufigkeit * Geschlecht Kreuztabelle

			Geschlecht		Gesamt
			männlich	weiblich	
Häufigkeit	Mehrmals die Woche	Anzahl	20	20	40
		% innerhalb von Häufigkeit	50,0%	50,0%	100,0%
		% innerhalb von Geschlecht	20,4%	12,2%	15,3%
	Mehrmals im Monat	Anzahl	38	65	103
		% innerhalb von Häufigkeit	36,9%	63,1%	100,0%
		% innerhalb von Geschlecht	38,8%	39,6%	39,3%
	selten	Anzahl	37	69	106
		% innerhalb von Häufigkeit	34,9%	65,1%	100,0%
		% innerhalb von Geschlecht	37,8%	42,1%	40,5%
	nie	Anzahl	3	10	13
		% innerhalb von Häufigkeit	23,1%	76,9%	100,0%
		% innerhalb von Geschlecht	3,1%	6,1%	5,0%
Gesamt		Anzahl	98	164	262
		% innerhalb von Häufigkeit	37,4%	62,6%	100,0%
		% innerhalb von Geschlecht	100,0%	100,0%	100,0%

Häufigkeit * Alter Kreuztabelle

			Alter					
			unter 20 Jahre	20 - 26 Jahre	27 - 34 Jahre	35 - 49 Jahre	über 50 Jahre	Gesamt
Häufigkeit	Mehrmals die Woche	Anzahl	1	19	11	7	2	40
		% innerhalb von Häufigkeit	2,5%	47,5%	27,5%	17,5%	5,0%	100,0%
		% innerhalb von Alter	11,1%	25,0%	12,8%	10,9%	7,4%	15,3%
	Mehrmals im Monat	Anzahl	6	35	38	22	2	103
		% innerhalb von Häufigkeit	5,8%	34,0%	36,9%	21,4%	1,9%	100,0%
		% innerhalb von Alter	66,7%	46,1%	44,2%	34,4%	7,4%	39,3%
	selten	Anzahl	0	21	35	33	17	106
		% innerhalb von Häufigkeit	,0%	19,8%	33,0%	31,1%	16,0%	100,0%
		% innerhalb von Alter	,0%	27,6%	40,7%	51,6%	63,0%	40,5%
	nie	Anzahl	2	1	2	2	6	13
		% innerhalb von Häufigkeit	15,4%	7,7%	15,4%	15,4%	46,2%	100,0%
		% innerhalb von Alter	22,2%	1,3%	2,3%	3,1%	22,2%	5,0%
Gesamt		Anzahl	9	76	86	64	27	262
		% innerhalb von Häufigkeit	3,4%	29,0%	32,8%	24,4%	10,3%	100,0%
		% innerhalb von Alter	100,0%	100,0%	100,0%	100,0%	100,0%	100,0%

Wo * Berufsstand Kreuztabelle

			Berufsstand				Gesamt
			Vollzeit berufstätig	Teilzeit berufstätig	Schüler/Student	nicht berufstätig	
Wo	Im Schnellrestaurant	Anzahl	67	8	8	2	85
		% innerhalb von Berufsstand	35,4%	33,3%	25,0%	40,0%	34,0%
	Auf die Hand (unterwegs)	Anzahl	87	10	15	0	112
		% innerhalb von Berufsstand	46,0%	41,7%	46,9%	,0%	44,8%
	Zu Hause (Lieferservice, Fertiggericht)	Anzahl	35	6	9	3	53
		% innerhalb von Berufsstand	18,5%	25,0%	28,1%	60,0%	21,2%
Gesamt		Anzahl	189	24	32	5	250
		% innerhalb von Berufsstand	100,0%	100,0%	100,0%	100,0%	100,0%

Wo * Familienstand Kreuztabelle

			Familienstand			Gesamt
			Single	Haushalt ohne Kinder	Haushalt mit Kindern	
Wo	Im Schnellrestaurant	Anzahl	38	28	19	85
		% innerhalb von Familienstand	33,3%	32,2%	38,8%	34,0%
	Auf die Hand (unterwegs)	Anzahl	54	38	20	112
		% innerhalb von Familienstand	47,4%	43,7%	40,8%	44,8%
	Zu Hause (Lieferservice, Fertiggericht)	Anzahl	22	21	10	53
		% innerhalb von Familienstand	19,3%	24,1%	20,4%	21,2%
Gesamt		Anzahl	114	87	49	250
		% innerhalb von Familienstand	100,0%	100,0%	100,0%	100,0%

Kreuztabelle $Gruendecon*$Beweggruende

			Was würde Sie zu mehr Fast Food bewegen?[a]					
			mehr Angebot in meiner Nähe	gesundere Alternativen	weniger Zeit zum kochen	besseres Preis-Leistungs-Verhältnis	Sonstiges	Gesamt
Warum essen Sie kein Fast Food?[a]	zu teuer	Anzahl	3	15	7	10	12	24
		Innerhalb $Gruendecon%	12,5%	62,5%	29,2%	41,7%	50,0%	
		Innerhalb $Beweggruende%	42,9%	16,0%	31,8%	31,3%	33,3%	
		% vom Gesamtwert	2,5%	12,4%	5,8%	8,3%	9,9%	19,8%
	zu ungesund	Anzahl	3	76	18	25	26	97
		Innerhalb $Gruendecon%	3,1%	78,4%	18,6%	25,8%	26,8%	
		Innerhalb $Beweggruende%	42,9%	80,9%	81,8%	78,1%	72,2%	
		% vom Gesamtwert	2,5%	62,8%	14,9%	20,7%	21,5%	80,2%
	Ich koche lieber selbst	Anzahl	2	48	14	13	16	58
		Innerhalb $Gruendecon%	3,4%	82,8%	24,1%	22,4%	27,6%	
		Innerhalb $Beweggruende%	28,6%	51,1%	63,6%	40,6%	44,4%	
		% vom Gesamtwert	1,7%	39,7%	11,6%	10,7%	13,2%	47,9%
	schmeckt mir nicht	Anzahl	2	29	3	9	9	34
		Innerhalb $Gruendecon%	5,9%	85,3%	8,8%	26,5%	26,5%	
		Innerhalb $Beweggruende%	28,6%	30,9%	13,6%	28,1%	25,0%	
		% vom Gesamtwert	1,7%	24,0%	2,5%	7,4%	7,4%	28,1%
	Sonstiges	Anzahl	3	15	4	9	13	23
		Innerhalb $Gruendecon%	13,0%	65,2%	17,4%	39,1%	56,5%	
		Innerhalb $Beweggruende%	42,9%	16,0%	18,2%	28,1%	36,1%	
		% vom Gesamtwert	2,5%	12,4%	3,3%	7,4%	10,7%	19,0%
Gesamt		Anzahl	7	94	22	32	36	121
		% vom Gesamtwert	5,8%	77,7%	18,2%	26,4%	29,8%	100,0%

Prozentsätze und Gesamtwerte beruhen auf den Befragten.

Kreuztabelle $Gruendecon*v_67

			Wohnort		Gesamt
			in der Stadt	nicht in der Stadt	
Warum essen Sie kein Fast Food?[a]	zu teuer	Anzahl	9	16	25
		Innerhalb $Gruendecon%	36,0%	64,0%	
		Innerhalb v_67%	12,0%	34,0%	
		% vom Gesamtwert	7,4%	13,1%	20,5%
	zu ungesund	Anzahl	63	35	98
		Innerhalb $Gruendecon%	64,3%	35,7%	
		Innerhalb v_67%	84,0%	74,5%	
		% vom Gesamtwert	51,6%	28,7%	80,3%
	Ich koche lieber selbst	Anzahl	35	23	58
		Innerhalb $Gruendecon%	60,3%	39,7%	
		Innerhalb v_67%	46,7%	48,9%	
		% vom Gesamtwert	28,7%	18,9%	47,5%
	schmeckt mir nicht	Anzahl	21	14	35
		Innerhalb $Gruendecon%	60,0%	40,0%	
		Innerhalb v_67%	28,0%	29,8%	
		% vom Gesamtwert	17,2%	11,5%	28,7%
	Sonstiges	Anzahl	14	10	24
		Innerhalb $Gruendecon%	58,3%	41,7%	
		Innerhalb v_67%	18,7%	21,3%	
		% vom Gesamtwert	11,5%	8,2%	19,7%
Gesamt		Anzahl	75	47	122
		% vom Gesamtwert	61,5%	38,5%	100,0%

Prozentsätze und Gesamtwerte beruhen auf den Befragten.

a. Dichotomie-Gruppe tabellarisch dargestellt bei Wert 1.

Häufigkeit * Wohnort Kreuztabelle

			Wohnort		Gesamt
			in der Stadt	nicht in der Stadt	
Häufigkeit	Mehrmals die Woche	Anzahl	29	11	40
		% innerhalb von Wohnort	15,9%	13,8%	15,3%
	Mehrmals im Monat	Anzahl	81	22	103
		% innerhalb von Wohnort	44,5%	27,5%	39,3%
	selten	Anzahl	64	42	106
		% innerhalb von Wohnort	35,2%	52,5%	40,5%
	nie	Anzahl	8	5	13
		% innerhalb von Wohnort	4,4%	6,3%	5,0%
Gesamt		Anzahl	182	80	262
		% innerhalb von Wohnort	100,0%	100,0%	100,0%

Häufigkeit * Berufsstand Kreuztabelle

			Berufsstand				Gesamt
			Vollzeit berufstätig	Teilzeit berufstätig	Schüler/Student	nicht berufstätig	
Häufigkeit	Mehrmals die Woche	Anzahl	28	1	10	1	40
		% innerhalb von Berufsstand	14,4%	3,7%	30,3%	12,5%	15,3%
	Mehrmals im Monat	Anzahl	84	6	11	2	103
		% innerhalb von Berufsstand	43,3%	22,2%	33,3%	25,0%	39,3%
	selten	Anzahl	76	17	11	2	106
		% innerhalb von Berufsstand	39,2%	63,0%	33,3%	25,0%	40,5%
	nie	Anzahl	6	3	1	3	13
		% innerhalb von Berufsstand	3,1%	11,1%	3,0%	37,5%	5,0%
Gesamt		Anzahl	194	27	33	8	262
		% innerhalb von Berufsstand	100,0%	100,0%	100,0%	100,0%	100,0%

Kreuztabelle $Gruendepro*v_59 Filter: nur vollzeit berufstätig

			Familienstand			Gesamt
			Single	Haushalt ohne Kinder	Haushalt mit Kindern	
Warum essen Sie Fast Food?[a]	Es schmeckt mir einfach gut	Anzahl	24	22	12	58
		Innerhalb $Gruendepro%	41,4%	37,9%	20,7%	
		Innerhalb v_59%	26,4%	31,4%	44,4%	
		% vom Gesamtwert	12,8%	11,7%	6,4%	30,9%
	Eher eine Notlösung, wenn ich keine Zeit habe	Anzahl	70	48	17	135
		Innerhalb $Gruendepro%	51,9%	35,6%	12,6%	
		Innerhalb v_59%	76,9%	68,6%	63,0%	
		% vom Gesamtwert	37,2%	25,5%	9,0%	71,8%
	Ich habe keine Lust zu kochen	Anzahl	29	11	8	48
		Innerhalb $Gruendepro%	60,4%	22,9%	16,7%	
		Innerhalb v_59%	31,9%	15,7%	29,6%	
		% vom Gesamtwert	15,4%	5,9%	4,3%	25,5%
Gesamt		Anzahl	91	70	27	188
		% vom Gesamtwert	48,4%	37,2%	14,4%	100,0%

Prozentsätze und Gesamtwerte beruhen auf den Befragten.

a. Dichotomie-Gruppe tabellarisch dargestellt bei Wert 1.

Literaturverzeichnis

Die folgende Literatur umfasst Buch-, Zeitungs- und Zeitschriftenquellen sowie Studien.

Ahner, J. (2011): Fast Food dank Bolognia, in: Zeit Campus, 6. Jg., H. 2, S. 57.

Anzengruber, M. (2008): Sozial orientiertes Konsumentenverhalten im Lebensmittelhandel, Wiesbaden.

Barnes & Co. (2010): Worldwide Fast Food Restaurants Industry, in: Barnes Reports, 60. Jg., S. 112-116.

Bartling, H. / Luzius, F. (2008): Grundzüge der Volkswirtschaftslehre, 16. Aufl., München.

BDI Bundesverband der deutschen Industrie e.V. (2011): BDI Konjunktur-Report, Berlin.

Beck, U./ Snaider, N. (2003): Globales Amerika?: Die kulturellen Folgen der Globalisierung, Mittenwald.

Bosshart, D., Hauser, M. (2008): European Food Trends Report: Perspectives for Food Industry, Retail and Restaurant Trade, H. 29 (Hrsg.), Gottlieb Duttweiler Institute, Rüschlikon/Zürich.

Bratschi, T., Feldmann, L. (2005): Stomach Competence: Wachsen in gesättigten Food-Märkten (Hrsg.), Lebensmittel Zeitung, 2. Aufl., Frankfurt am Main.

Bruhn, M. (2009): Marketingübungen: Basiswissen, Aufgaben, Lösungen. Selbständiges Lerntraining für Studium und Beruf, 3.Aufl., Wiesbaden.

Brunner, K.-M. /Geyer, S./ Jalenko, M. (2007): Ernährungsalltag im Wandel. Chancen für Nachhaltigkeit, Wien.

Burmeister, K. (2009): Dialog statt Wissensvermittlung, in: Absatzwirtschaft Sonderheft, 52. Jg., S. 20-22.

Business Target Group GmbH (2011): Foodservice-Länderreport 2010, Scheessel.

Datamonitor (2010): Food Market Watch, MarketWatch, o.O., S. 12-14.

Datamonitor (2010): Industry Profile: Global Fast Food, o.O., S. 137-142.

Datamonitor (2010): Industry Profile: Fast Food in Europe, o.O., S. 53-61.

Datamonitor (2010): Industry Profile: Fast Food in Germany, o.O., S. 5-22.

Decker, R./ **Kreyher**, J. (2001): Handbuch Gesundheits- und Medizinmarketing: Chancen, Strategien und Erfolgsfaktoren, Heidelberg.

DEHOGA Bundesverband (2010): Systemgastronomie in Deutschland 2010, 9.Aufl., Berlin.

Deltl, J. (2004): Strategische Wettbewerbsbeobachtung: So sind Sie Ihren Konkurrenten laufend einen Schritt voraus, Wiesbaden.

Deutsche Telekom AG (2008): Deutschland Online 2007, Bonn.

Dialego AG (2007): IgeL Leistungen, Aachen.

Esch, F-R. (2010): Strategie und Technik der Markenführung, 6. Aufl., München.

Foodservice Magazin (2009): Fast Food – Most Valuable Global Brands 2009, 8. Jg., H. 7, S. 23-26.

Fahlser, A./Dahlmann, D. (2011): So is(s)t Deutschland – ein Spiegel der Gesellschaft (Hrsg.), Nestlé Deutschland AG, Frankfurt am Main.

Frick, K., **Hauser**, M. (2007): Vertrauen 2.0: Auf wen sich Konsumenten in Zukunft verlassen, in: GDI Study Nr. 25 (Hrsg.), Gottlieb Duttweiler Institute, Rüschlikon/Zürich.

G + J Branchenbild (2009): Fertiggerichte + Tiefkühlkost, Nr. 19 (Hrsg.) G+J Media Sales, Hamburg.

Gaidelys, V. (2010): The role of Competitive Intelligence in the course of business process, in: Economics and Management, 18. Jg., H. 15, S. 1057-1064.

Gray, P. (2010): Competitive Intelligence, in: Business Intelligence Journal, 6. Jg., H. 4, S. 31-37.

Grey GmbH (2010): Food Trends 01/10, Düsseldorf.

Grey GmbH (2010): Food Trends 02/10, Düsseldorf.

Grey GmbH (2010): Food Trends 03/10, Düsseldorf.

Grey GmbH (2010): Food Trends 04/10, Düsseldorf.

Hiltbrand, T. (2010): Learning Competitive Intelligence from a Bunch of Screwballs, in: Business Intelligence Journal, 15 Jg., H. 4, S. 8-16.

Hohlfeld, U. (2010): Competitive Intelligence – Wettbewerbsanalyse statt Wirtschaftsspionage, in: Wissensmanagement – Das Magazin für Führungskräfte, 10 Jg., H. 6, Sonderdruck, Wöllstein.

Horx, M. (2009) A: Werte im 21. Jahrhundert: Werte-Monitoring als Erfolgsfaktor der Zukunft, in: Zukunftsletter, S. 4-5.

Horx, M. (2009) B: Trend Report 2010, Zürich.

Kottler, P./ **Keller**, K./ **Bliemel**, F. (2007): Marketing-Management: Strategien für wertschaffendes Handeln, 12.Aufl., München.

Knop, B./ **Schmitz**, M. (1983): Currywurst mit Fritten, Zürich.

König, W. (2000): Die Geschichte der Konsumgesellschaft, Stuttgart.

Kühne, M. (2007): Shopping 2020: Wie die Städte von morgen Konsumenten anziehen, in: GDI Study Nr. 26 (Hrsg.), Gottlieb Duttweiler Institute, Rüschlikon/Zürich.

Langwieser, C./**Kirig**, A. (2010): Konsument 2020: Die wichtigsten Konsumtrends im Wandel der Zeit (Hrsg.), Zukunftsinstitut GmbH, Kelkheim.

Leitl, M. (2005): Was ist Competitive Intelligence?, in: Harvard Business Manager, 32. Jg., Nr.5, S. 14-16.

Mahn, J./ **Riemann**, H. (2011): Zurück in die Zukunft, in: Froh Magazin, 2. Jg., H. 4, Berlin, S. 90-95.

Mietzner, D. (2009): Strategische Vorausschau und Szenarioanalysen: Methodenevaluation und neue Ansätze, Diss., Universität Potzdam.

Müller, A. (2008): Strategic Foresight - Prozesse strategischer Trend- und Zukunftsforschung in Unternehmen, Diss., St. Gallen.

Myers, G./ **Reiss**, M. (2008) Psychologie, Berlin.

Paynter, B. (2010): Super Style Me, in: Fast Company, H. 149, S. 104-112.

Pfaff, D. (2005): Competitive Intelligence in der Praxis: Mit Informationen über Ihre Wettbewerber auf der Überholspur, Frankfurt am Main.

Pfaff, D. (2005): Marktforschung: Wie Sie Erfolg versprechende Zielgruppen finden, Berlin.

Pfaff, D. (2004): Praxishandbuch Marketing – Grundlagen und Instrumente, Frankfurt am Main.

Rat für Nachhaltige Entwicklung (2008): Momentaufnahme Nachhaltigkeit und Gesellschaft , Berlin.

Ranalli, S./ **Reitbauer**, S./ **Ziegler**, D. (2009): Trend Report Grün, München.

Romppel, A. (2006): Competitive Intelligence: Konkurrenzanalyse als Navigationssystem im Wettbewerb, Berlin.

Rützler, H., **Kirig**, A. (2010): Food Styles: Die wichtigsten Thesen, Trends und Typologien für die Genuss-Märkte (Hrsg.), Zukunftsinstitut GmbH, Kelkheim.

Schlesinger, M. (2003): Wissen: Märkte 2020, in: Absatzwirtschaft, 52. Jg., H. 5, S. 38-44.

Schüller, A.-M. (2010): Kundenfokussierung - Der Kunde als Mitgestalter eines neuen Marketing, München.

Seesterhenn-Gebauer, B./Brüning, A. (1999): Fast Food, Mannheim.

Siebert, H. (2007): Einführung in die Volkswirtschaftslehre, 15. Aufl., Stuttgart.

Sigrist, S. (2004): The New Eating Normalcy: Wie wir morgen essen, Nr. 16 (Hrsg.), Gottlieb Duttweiler Institute, Rüschlikon/Zürich.

Sigrist, S. (2005): Food Fictions: Radikale Food Trends, in: GDI Study Nr. 22 (Hrsg.), Gottlieb Duttweiler Institute, Rüschlikon/Zürich.

Stigson, B. (2009): Peer Review der deutschen Nachhaltigkeitspolitik , Berlin.

Tarraf, P., Molz, R. (2006): Competitive Intelligence at Small Enterprises, in: SAM Advanced Management Journal, 10. Jg., H. 4, S. 24-34.

Trend Büro (2009): Otto Group Trendstudie 2009: Die Zukunft des ethischen Konsums, Hamburg.

Trend Büro (2009): Trend Check 03/2009: Healthstyle, Hamburg.

Wagner, C. (1995): Fast schon Food. Die Geschichte des schnellen Essens, Frankfurt/Main.

Weiss, H-C. (2009): Marketing (Hrsg.), K. Olfert, Ludwigshafen.

Wenzel, E./ Kirig, A. / Rauch, C. (2008): Greenomics. Wie der grüne Lifestyle Märkte und Konsumenten verändert, München.

Die folgende Literatur umfasst Onlinequellen.

Airbus S.A.S. (2011): Homepage, http://www.airbus-fyi.com/highlights.php

Adobe Systems Incorporated (2008): Web 2.0 Experience 2008 and beyond, http://www.scene7.com/survey/Scene7_2008_Survey_Report.pdf

Alejandro, R. (2009): Filipinos can eat themselves happy at Van Gogh is Bipolar, http://www.springwise.com/food_beverage/vangoghisbipolar/

Angerer, M. (2008): im Interview mit: **Cole**, T., Der Kunde wird zum Despot, http://www.trendbuero.de/index.php?f_categoryId=155&f_articleId=2727

Breuel, I. (2010): Schlechtes Online Reputation Management bei Nestlé: Ungenügende Reaktion auf Vorwurf der Rooibos Robbery, http://www.netz-reputation.de/2010/06/schlechtes-online-reputation-management-bei-nestle/

Brück, M. (2008): Cooles Fast Food, http://www.wiwo.de/unternehmen-maerkte/cooles-fast-food-292072/

Dahlmann, D. (2011): Gesunde Ernährung nur für „Reiche"?, http://www.nestle-studie.de/artikel/gesunde-ernährung-nur-für-reiche

DaWanda GmbH (2011): Homepage, http://de.dawanda.com/werbemittel

Hengsbach, F. (2000): "Globalisierung" - eine wirtschaftsethische Reflexion, http://www.bpb.de/publikationen/1EP1JM,1,0,Globalisierung_eine_wirtschafts-ethische_Reflexion.html

Gesundheitsberichterstattung des Bundes (2011): Gesundheitsausgaben in Deutschland, http://www.gbe-bund.de/oowa921-install/servlet/oowa/aw92/WS0100/_XWD_PROC?_XWD_2/1/XWD_CUBE.DRILL/_XWD_28/D.733/4427

Gummich, S. (2009): Pompeji - im Schatten des Vesuvs, http://www.planet-wissen.de/politik_geschichte/archaeologie/pompeji/index.jsp

Dönert (2009): Döner in Zahlen: Wissenswertes zum Döner, http://www.doener365.de/facts/article.php?lang=de&id=15

Fichtel, K. (2010): Bächermeister machen Fast-Food-Ketten Konkurrenz, http://www.abendblatt.de/wirtschaft/article1421602/Baeckermeister-machen-Fast-Food-Ketten-Konkurrenz.html

Finanznachrichten.de (2010): Lust auf Tiefkühlkost ungebrochen, http://www.finanznachrichten.de/ausdruck/2010-04/16682465-tiefkuehlwirtschaft-trotzt-der-krise-lust-auf-tiefkuehlkost-ungebrochen-mit-bild-007.htm

Finanzwirtschafter.de (2010): Der Wettbewerb um Kaffee bei den Fast-Food-Ketten,http://www.finanzwirtschafter.de/3200-der-wettbewerb-um-kaffee-bei-den-fast-food-ketten/

Focus Online (2007): Genuss mit Gewissensbissen, http://www.focus.de/gesundheit/ernaehrung/news/fastfood-studie_aid_139319.html

Focus Money Online (2011): McDonald's boomt in Deutschland, http://www.focus.de/finanzen/news/unternehmen/fast-food-mcdonalds-boomt-in-deutschland_aid_602336.html

Food Secret (2011): Food Secret Nutrition, Healthy eating matters, http://foodsecret.com/nutrition/

GFK Gruppe (2009): Konsum der Zukunft, http://www.gfk.com/group/press_information/press_releases/004256/index.de.html

GFK Gruppe (2008): Klimafreundlicher Konsum: Herausforderung und Chance für Hersteller, Handel und Verbraucher, http://www.gfk-verein.de/index.php?article_id=95&clang=0

Hagen, H. (2011): Konsum macht einsam, http://www.sueddeutsche.de/wirtschaft/interview-mit-zygmunt-bauman-konsum-macht-einsam-1.1049496

Handelsblatt (2005): Ernährungsindustrie setzt auch 2005 auf Export, http://www.handelsblatt.com/unternehmen/industrie/ernaehrungsindustrie-setzt-auch-2005-auf-den-export/2466078.html

Hanke, G./ Himberg, M./ Dawson, S. (2011): Auf dem Sprung, http://www.lebensmittelzeitung.net/business/handel/vertriebslinien/Convenience-Shops_6201_9131.html, Abruf: 19.04.2011

Kerbusk, K.-P. (2007): Sinking Subs in Germany, http://www.spiegel.de/international/spiegel/0,1518,druck-471496,00.html

Kessenbrock, T. (2010): Alte Sorten neu entdeckt – der Trend zur Regionalität am heimischen Herd, http://www.w-h-d.de/de/regionalitaet-essen-kueche

Lück, A. (2010): CEOs: In zehn Jahren gehört Nachhaltigkeit zum Kerngeschäft, http://www.accenture.com/at-de/company/newsroom-austria/ Pages/ news-nachhaltigkeit.aspx

McDonald's Deutschland Inc. (2011) A: McDonald's in Zahlen und Fakten, http://www.mcdonalds.de/unternehmen/ueber_mcdonalds/zahlen_und_fakten.html

McDonald's Deutschland Inc. (2011) B: Jahrespressekonferenz, http://81.173.245.27/ext/mcd_livecast/de/stream.php

McDonald's Deutschland Inc. (2011) C: Jahresbericht 2010, http://mcdw.ilcdn.net/MDNPROG9/mcd/files/pdf1/McD_Jahresbericht_2011.pdf

Nickel, V. (2007): Konsumtrend- Die Moralisierung der Märkte, http://www.zaw.de/print.php?reporeid_print=263

Rat für nachhaltige Entwicklung (2010): „Rio+20": Folgekonferenz zum Erdgipfel von 1992 kommt, http://www.nachhaltigkeitsrat.de/index.php?id =5168

Schäfer, P. (2010): Ein Schwager gegen die Krise, http://www.zeit.de/wirtschaft/2010-03/subway-deutschland?page=all&print=true

Schneider, B. (2009): Mit "Give & Get"-Aktionen gesellschaftliches Engagement belohnen, http://www.best-practice-business.de/blog/?p=11235

Schneider, M. (2011): SWYN: Die neue Marktmacht des Konsumenten, http://www.suite101.de/content/swyn-divide-et-impera-teile-und-herrsche-a102235?template=article_print.cfm

Smith, T. (2009): Give a Day of Volunteer Service in 2010, Get a Day of Disney Theme Park Fun – Free, http://disneyparks.disney.go.com/blog/ 2009/ 09/give-a-day-of-volunteer-service-in-2010-get-a-day-of-disney-theme-park-fun-–-free/

Spiegel Online (2010): Ein Drittel der Deutschen klagt über eigenen Gesundheitszustand, http://www.spiegel.de/wissenschaft/medizin/0,1518, 7187 17,00.html

Stahr, A. (2000): Die Konferenz vo Rio de Janeiro 1992, http://www.wissen.de/wde/generator/wissen/services/print,page=1310204,node=558918.html

Steinheuer, C. (2011): Megatrend Regionalität, http://www.lebensmittelpraxis.de/handel/management/1638-megatr...regionalitaet.html?

Steinle, A. (2004): Die neue Macht der Verbraucher, http://www.manager-magazin.de/lifestyle/freizeit/0,2828,303479,00.html

Strüber, M. (2008): im Interview mit: **Jánszky,** G., "Jeder sollte mit Pillen seine Intelligenz steigern dürfen", http://www.sueddeutsche.de/karriere/2.220/gehirndoping-jeder-sollte-mit-pillen-seine-intelligenz-steigern-duerfen-1.180502

Studstill, K. (2010): IKEA's Kitchen Of The Future: Design Challenges For Intelligent Homes, http://www.psfk.com/2010/08/ikeas-kitchen-of-the-future-design-challenges-for-intelligent-homes.html

Tchibo GmbH (2011): Homepage, https://www.tchibo-ideas.de/index.php/loesungen/ansehen

Villani, O. (2007): Klimawandel verändert Konsumverhalten, http://www.sdi-research.at/aktuell/hintergrund/studie-klimawandel-veraendert-konsumverhalten-sdi-research.html

Wippermann, P. (2011): Der Quellcode der Netzwerkökonomie: Connectivity + Collaboration+Coopetition+Co-Creation, http://www.trendbuero.de/index.php?f_articleId =3414

Zukunftsletter (2008): Das Gute liegt so nah - der neue Trend Regionalität im Lebensmittelsegment, http://www.zukunftsletter.de/news-archiv/das-gute-liegt-so-nah-der-neue-trend-regionalitaet-im-lebensmittelsegment-871.html

MIX
Papier aus verantwortungsvollen Quellen
Paper from responsible sources
FSC® C105338